SINTAXI

EJERCICIOS SOLUCIONADOS

Con nuevos ejercicios resueltos y cientos de análisis en bandeja

Alfonso Ruiz de Aguirre

2017

ÍNDICE

Agradecimientos

Para analizar las oraciones he empleado el Editor de Análisis Sintáctico de Patricia Cortés Moreno y Miguel Flecha Fernández. Sus autores tuvieron la bondad de autorizarme a usarlo. Les estoy muy agradecido.

Tras la publicación de *Sintaxis para alérgicos a la sintaxis* creé el grupo de **Facebook** *Sintaxis por Alfonso Ruiz de Aguirre*. Pensé que se unirían veinte o treinta adictos a esta disciplina, pero hoy somos casi 4.000. Cualquier lector de este libro será bienvenido. De los debates en este grupo he sacado muchas de las ideas que se exponen aquí. Mi agradecimiento a todos los miembros del grupo, especialmente a los administradores y a quienes participan más activamente, escribiendo o leyendo.

Las consideraciones sobre el complemento predicativo que incluyo se deben a las aportaciones de Juan Carlos Tordera Yllescas y de Josep Ausensi-Jiménez.

Fue también Juan Carlos Tordera Yllescas quien me propuso la solución que planteo para oraciones como *Llegará tarde, lo cual le traerá problemas.*

Juan Carlos Tordera Yllescas y María José Alcarria corrigieron el libro. Gracias a sus sugerencias he podido presentar una versión mejor. Los errores que aparezcan no se les deben achacar a ellos en absoluto, sino más bien a mi tozudez o a mi ignorancia.

No hubiera podido escribir este libro sin la ayuda de mis alumnos. Todo mi agradecimiento para ellos.

1 Ejercicios

1.1 Algo de morfología

1- Identifica la categoría de las siguientes palabras.

a- Los problemas que tiene la asistencia médica hoy son similares en los distintos países europeos, así que requieren similares respuestas.

b- Algunos estaban menos preocupados, aunque tampoco sabían qué traje llevar a la fiesta.

c- Lo mejor es trabajar duro, permanecer atento y avanzar deprisa.

d- Eh, Carlos, no olvides explicárselo mientras le hablas del nuevo producto.

e- Bastante complicado parecía encontrar bastantes cuando no teníamos bastante tiempo.

f- Aparecieron tantos que no había tantas tiendas como para alojar a un grupo tan numeroso.

g- Había, a pesar de su juventud, superado todas las pruebas finales aquellas.

h- ¿Qué persona no sabría qué hacer, cuando todos vemos qué fácil resultaba resolverlo?

i- Ese último problema suyo no llegó a mi conocimiento ni al tuyo.

j- Estaba aquel día pensándoselo aún, es decir, que no sabía cómo decírselo.

2- Distingue los indefinidos y escribe su categoría.

a- Demasiado difícil me resultó encontrar suficientes ejemplos para convencer a todos.

b- Algunos días estoy demasiado preocupado como para rendir lo suficiente.

c- Nada resulta nada fácil si nadie se molesta en explicarlo bastante bien.

d- Estoy más satisfecho ahora que tengo menos trabajo y descanso más.

e- Les pedí más productos y ellos me enviaron menos durante bastante tiempo.

3- Distingue los interrogativos/exclamativos y escribe su categoría.

a- No sé qué estrategia siguen ni qué pretenden diciendo cuánto nos quieren.

b- Dime quiénes entraron, qué preguntas te hicieron y por qué no respondiste.

c- Qué difícil resulta averiguar qué necesitan cuando no te dicen cuál se ha averiado.

d- Ignoramos cuál es el camino, cómo encontrarlo y qué situaciones afrontaremos.

e- Sabemos cuán cansado te encuentras, cuántos esfuerzos has hecho y cómo has luchado durante todo este tiempo.

4- Localiza las locuciones y di de qué tipo son.

a- Es una persona de palabra, de modo que cumplirá.

b- Poco a poco se puso junto a sus amigos y se quedó como si nada.

c- Tenía la herida en carne viva y de vez en cuando se le inflamaba.
d- A pesar de que llovía se celebró la manifestación en contra del acoso.
e- ¡Madre mía!, ¡es una mujer de armas tomar!
f- Gracias a su constancia se dio a conocer.
g- ¡Qué más quisieras! Ni de coña te lo presto.
h- Había mogollón de pibas y un porrón de peña.
i- En tiempo de vacas flacas todos buscan un chivo expiatorio.
j- Por culpa de la tormenta tuvimos que dar un rodeo alrededor de la arboleda.

5- Distingue qué expresión es perífrasis y di por qué.
a- Lleva estudiando dos horas / Lleva colgando un hilo.
b- Vino a poner orden y después se volvió / Viene a tardar dos horas.
c- En la cárcel está por delinquir / Está por salir de paseo.
d- El parque está rodeando la fábrica / Julián estaba rodeando la fábrica con la bici.
e- Fueron reservadas las mejores plazas / Estaban reservadas las mejores plazas.
f- Pepe va a trabajar en moto / Pepe iba a trabajar en su casa.
g- Lleva puestas ya tres multas / Lleva puestas las sandalias.
h- El bombero se acercó a apagar el fuego a pie / El bombero llegó a apagar el fuego tras muchos intentos.
i- Empezó citando a los clásicos /Empezó a citar a los clásicos.

6- Identifica las perífrasis y di de qué tipo son.
a- Se fue haciendo cada vez más solitario y ya no le agradaba salir.
b- Prometió devolverlo a tiempo pero no debió de acordarse.
c- Se lio a charlar y no volvió a acordarse del asunto.
d- Andan valorando tu ascenso, pero siguen dudando.
e- Estaban, aquellos días, organizando el festejo y no alcanzaron a prever la tempestad.
f- Tiene que comprender que es tiempo para dejar de fumar.
g- Aunque solía conformarse con cualquier cosa aquel día se echó a llorar.
h- Acostumbra a afrontar sus problemas sola y prefiere depender de sí misma.

7- Razona la idea aspectual que ofrece el verbo y la idea aspectual que ofrece la oración.
a- Ya no estoy estudiando francés.
b- Todavía no he acabado el informe.
c- No ha dejado de fumar.
d- No va a disculparse nunca.

8- Razona si hay perífrasis en *Me quedan por hacer seis oraciones.*

9- Indica la categoría de las siguientes palabras:

a- Ciertas personas no presentaron pruebas ciertas.
b- Algunas personas no llevaban prenda alguna.

1.2 Sintagmas

1- Indica a qué núcleo complementa cada SP según el siguiente ejemplo: *El intento de prohibición de las actividades por la igualdad de género por parte del Gobierno del país durante la festividad de Año Nuevo a pesar del interés en ella de las organizaciones convocantes.*
Respuesta. *De prohibición de las actividades por la igualdad de género por parte del Gobierno del país durante la festividad de Año Nuevo a pesar del interés en ella de las organizaciones convocantes* complementa a *intento*; *de las actividades por la igualdad de género* complementa a *prohibición*; *por la igualdad de género* complementa a *actividades*; *de género* complementa a *igualdad*; *por parte del Gobierno del país* complementa a *prohibición*; *del país* complementa a *Gobierno*; *durante la festividad de Año Nuevo* complementa a *prohibición*; *de Año Nuevo* complementa a *festividad*; *a pesar del interés en ella de las organizaciones convocantes* complementa a *prohibición*; *en ella* complementa a *interés*; *de las organizaciones convocantes* complementa a *interés.*
a- La vinculación de la célula terrorista de París con el crimen organizado del sur de Italia.
b- El deseo de paz en el mundo de todos los presentes en la cena de celebración del aniversario de la constitución del país.
c- Los esfuerzos de los voluntarios de la región por un diálogo continuado con los responsables de los recursos humanitarios.
d- La celebración de las competiciones de invierno por parte de los integrantes de los clubes de esquí de Murcia durante el periodo de vacaciones de Navidad.
e- El cambio del escudo del club de fútbol motivado por el propósito de ofrecer una imagen renovada de la entidad ante la afición.
f- La falta de propuestas en materia de sanidad de los nuevos consejeros de la empresa a pesar de la importancia de la prevención de riesgos laborales.

2- Analiza los siguientes sintagmas.
a- Bastante afectados por la falta de agua de riego.
b- Las carencias de espíritu de sacrificio en los nuevos atletas.
c- Suficientes en la panda de amigos para una fiesta sorpresa.
d- Tan mal de recursos en la empresa.
e- El conocido Raúl González, ex capitán del Real Madrid, el jugador más listo en un terreno de juego.
f- Las abrumadoras evidencias de la autoría del crimen en el caso del secuestro del empresario holandés.
g- La vigilancia de los puertos de mar antes de la llegada de la tormenta tropical a la bahía.

3- Razona la categoría y la función de *más* en *lo más importante.*

1.3 Sujeto, predicado y elementos oracionales

1- Busca el sujeto en las siguientes oraciones.

a- No me asusta ninguna película de terror.
b- Nada parece seguro.
c- No hubo ninguna duda aquel viernes.
d- Se interrogó a los sospechosos.
e- No se aceptarán devoluciones de artículos sin embalaje original.
f- No se tienen muchos escrúpulos en esa organización.
g- No entró nadie hasta las 7.
h- Llegaron muy interesados los turistas.

2- Analiza sintácticamente.

- Se lo entregaron custodiado por dos agentes de paisano.
- Dejó muy tristes a los enamorados de la música la noticia de su muerte.
- Los encontraron escondidos bajo el capó del coche.
- Las vacaciones las pasaremos en la capital en caso de inundaciones.
- Les pedimos a los psicólogos ayuda con los casos más difíciles.
- Mandamos los más jóvenes una carta de protesta a la organización.
- No conocía nadie el lugar de escondite del tesoro.
- Las maniobras de reanimación salvaron de una muerte segura al accidentado.
- Se lo notificaron con la debida antelación.
- Nombramos delegado a Pedro por dos votos de diferencia.
- Regresó convencido de su capacidad para el cargo tras las vacaciones.
- Dejó su puesto en la agencia por incompatibilidad con su jefe.
- Fue descubierta por casualidad la cura contra esa enfermedad.
- Nos emocionó su actuación en la obra de teatro.
- Se lo concedieron ya preparado para su uso a los solicitantes mejor cualificados.
- Había demasiadas dificultades para la extradición.
- Les preocupaba la calidad del producto.
- Conducían la moto protegidos con cascos de kevlar.
- ¿Os ha hablado de su contribución al refugio de animales?
- De pequeño soñaba con una fiesta sorpresa.
- Nos entregó la invitación enfadada con nosotros.
- Se pusieron los niños los pantalones sucios de tanto revolcón en la hierba.

3- Razona si el verbo es predicativo o copulativo.

a- Estaban de los nervios.
b- Es de los que siempre cumplen.
c- Eran de la rama de los Fernández de Soria.
d- Parecían de Centroamérica.
e- Estuvimos varios días con el equipo de baloncesto.
f- Los conciertos son en la sala grande.

g- La carrera será en julio.
h- Parecían sacados de una película de miedo.
i- Se parece tanto a su madre.
j- Estaban en lo más profundo de la cueva.
k- Estaban en lo más profundo de una depresión nerviosa.
l- Los más famosos están en Castellón.

4- Analiza sintácticamente.
- Nos fue concedida la beca tras varios intentos.
- Las becas ya están concedidas desde febrero.
- Nos hubiera sido más rentable una inversión en industria.
- Están en tercer curso de Química los del piso de abajo.
- No me pareció tan complicado durante la exposición.
- Estuvimos una semana agobiados por el papeleo.
- No están acostumbrados al frío de Soria.
- Fueron acostumbrados desde pequeños a una disciplina estricta.

5- Señala los complementos oracionales. Especifica si es vocativo.
a- Venga, tío, no te lo tomes así.
b- Al final, ni lo llamamos ni nos llamó.
c- Vístete deprisa, Juan, por lo que más quieras.
d- Desgraciadamente, no se resolverá así.
e- Para mí, esa no es la solución.
f- En realidad, nadie lo sabe, amigos míos.

6- Razona la función de *de todo* en *Allí sucedió de todo* y en *Alejandro come de todo.*

1.4 Pronombres personales átonos

1- Aplica las pruebas de reflexividad para decir si los pronombres subrayados son reflexivos. Señala qué función tienen, o si van con el NP.
a- Se le ha estropeado el cierre al coche.
b- Se fatigan con demasiada facilidad.
c- Se inclinaron sobre la piedra.
d- Se tiró a la piscina de cabeza.
e- Me afeité la barba.
f- Se afeitan con maquinillas desechables.
g- Se ha apuntado a un curso de inglés.
h- Se muestra muy seguro de su éxito.
i- Se puso moreno.
j- Se quejaban de todo.
k- Te echaste sobre la cama.
l- Se alarmó al ver la sangre.

m- Se dirigieron al punto de encuentro.
n- El gimnasta se lesionó por mala suerte.
ñ- Cómete todo el plato.
o- Permítase un capricho.

2- Di qué tipo de pronombre personal átono tenemos. Si puede ser de varios tipos, razona cada uno.
a- Se jactaba de ser rico.
b- Se burlaba de sus hermanos.
c- Se encontró con su tío en la calle.
d- Se encontró dos monedas antiguas bajo las maderas.
e- No te pareces a tu padre.
f- Me niego a aceptarlo.
g- Se quedó sin trabajo.
h- Siempre se queda un buen rato tomando café.
i- Se sacó la muela del juicio.
j- Me cené la pizza entera.
k- No me digas eso.
l- Se apoyó en el muro.
m- Se me ha roto el móvil.
n- El estadio se abrirá una hora antes del partido.
ñ- Cuando se es tan perezoso las cosas no salen bien.
o- El dobladillo se cose con la máquina.
p- Se ha vuelto muy desconfiado.
q- No te empeñes en llevar razón.
r- Se lo devolvieron en buen estado.
s- Nada se arregla con violencia.
t- Esas setas no se encuentran con facilidad.
u- Se mató en el accidente.
v- Se mató llevado por la desesperación.
w- Se suicidó el 2 de septiembre de 1916.
x- No se me ocurre uno mejor.

3- Analiza sintácticamente.
a- Se ha informado de un terremoto.
b- Se han informado bien antes del juicio.
c- No me refiero a ese artículo.
d- Los trapos sucios se lavan en casa.
e- Se arreglarán todas las tuberías a cargo de la comunidad.
g- El coche se chocó en la última curva.
h- No se te ha educado para eso.
i- Se protegía los brazos con crema solar.
j- Se apoyó contra la pared tras el mareo.
k- Se cortó el pelo en la peluquería del barrio.

l- Siempre se pasan el balón entre ellos.
m- Esa chaqueta se lava en frío.
n- Se encharcaron todas las aceras.
ñ- Se pintarán las farolas.
o- No te me pongas farruco.
p- Se registró a los sospechosos.
q- Se registraron los dormitorios uno por uno.
r- Se desplazó a Córdoba el domingo.
s- Dámelas arregladas.
t- Así no se puede hablar.

4- Inventa un contexto en el que…
a- El *se* de *Se presentaron* sea PRef CD.
b- El *se* de *Se presentaron* sea PRecip CD.
c- El *se* de *Se presentaron* sea pas ref.
d- El *se* de *Se presentaron* sea pronominal.
e- El *se* de *Se espera* sea pas ref.
f- El *se* de *Se espera* sea impersonal.
g- El *se* de *Se esperan* sea PRecip CD.
h- El *se* de *Se espera* sea dativo ético.
i- El *se* de *Se preparó* sea pasiva refleja.
j- El *se* de *Se preparó* sea PRef CD.
k- El *se* de *Se preparó* sea PRef CI.
l- - El *se* de *Se preparó* sea impersonal.

5- Razona la diferencia de función entre el *se* de *Se propuso estudiar más* y *Se propuso para el cargo.*

1.5 Yuxtapuestas y coordinadas

1- Escribe una oración formada por dos proposiciones coordinadas: copulativas, adversativas, disyuntivas, explicativas y distributivas. Expresa cada una de ellas con tantos nexos distintos como seas capaz.

2- Analiza.
a- Se apartó del camino, pero no perdió de vista a los otros peregrinos.
b- O se nos devuelve el dinero o se nos compensa con otro objeto.
c- No solo se preocupaba por sus pacientes, sino que además se sabía de memoria los historiales.
d- Ni se decide ni renuncia a la plaza.
e- No me lo repitas, ya lo he oído.
f- Tan pronto lo toman por tonto como lo eligen su representante.
g- Díselo claramente: lo contrario sería una imprudencia.

h- Ha aprobado el examen con una nota pésima, o mejor dicho, se lo han regalado.
i- La cópula une sujeto y atributo, es decir, un verbo no puede ser copulativo e impersonal a la vez.
k- No me espero ni un minuto más: ya se ha hecho tarde.

3- Observa la relación entre los sintagmas unidos por una conjunción coordinante y analiza.
a- Se trata de un subterfugio, es decir, de una vulgar excusa.
b- No vinieron cuatro, sino cinco.
c- Lo venden, o montado o con el embalaje.
d- Saben de fútbol y de baloncesto.
e- ¿Te quedas en el hotel o en la casa?
f- Trabaja rápido y con eficiencia.
g- Es sumergible, antichoque y de buena calidad.
h- Es hermoso, no práctico.
i- Ven ni trajeado ni en pijama.
j- No se admiten cambios ni devoluciones.
k- ¿Se lo has dicho a Manuel o a Carlos?
l- Me vale impreso o en un archivo informático, pero no escrito a mano.

4- Compara las oraciones *Como tanta carne como pescado* y *Como tanto carne como pescado*. Explica el sentido de cada una. Justifica por qué en una de ellas tenemos un nexo copulativo discontinuo.

5- Explica por qué en *Aunque llovió, fuimos de excursión* expresamos un matiz concesivo y en *Llovió, pero fuimos de excursión* expresamos una idea adversativa.

1.6 Proposiciones subordinadas adjetivas

1- Aplica la prueba correspondiente, indica si hay o no PSAdj y, si la hay, subráyala. Señala el antecedente.
a- Encontraron una tumba donde nacía el río.
b- Nos enseñaron la tumba donde descubrieron la momia.
c- Son muchas las decisiones de las que se arrepiente.
d- Son las decisiones de los que mandaban.
e- La decisión de que nos quedáramos fue correcta.
f- La decisión de la que presumes tanto no resultó beneficiosa.
g- Me contó esa película, que da mucho miedo.
h- Cuéntame ya esa película, que nos vamos.
i- Me gusta la idea de la que me hablaste.
j- Me gusta la idea de que trabajemos juntos.

2- Si la proposición es adjetiva, localiza el antecedente. Sustituye el relativo por su antecedente cuando sea posible. Di la categoría y función del relativo:

a- Es la canción de la que me cansé.
b- Vi la película de cuya crítica me hablaste.
c- Son los amigos de quienes me siento más orgulloso.
d- Hablaré con el equipo del que es entrenadora.
e- Me enseñó el cuadro del que se muestra más satisfecho.
f- Me presentó a la vecina con la que mantiene una relación.
g- Es el camino por donde lo encontré.
h- Enséñame las películas que se presentan a los Oscar.
i- Conozco al escritor sobre cuyas novelas hablaba el documental.
j- Las elecciones a las que se presentó no resultaron limpias.

3- Analiza sintácticamente.

1- Es el argumento del que se mostraba más convencido.
2- Todo cuanto me contó se reveló después falso.
3- Se invitó al banquete al cónsul con quien se había pactado el acuerdo.
4- No tenía nada que comer.
5- Aquel verano, cuando nos presentaron, éramos jóvenes e ingenuos.
6- Es el equipo del que Pedro es seguidor.
7- Publicaron un artículo sobre cuya originalidad tuvimos que investigar.
8- Tengo asuntos que arreglar.
9- Se habían escondido en el pajar que luego se derrumbó.
10- El trabajo al que se optaba estaba muy bien pagado.
11- Su sobrino, que se licenció en Sevilla, fue seleccionado para la audición.
12- No figuran en el mapa los montes por donde bajan los ríos.
13- Animaban a los chicos de quienes Pedro es profesor.
14- La manera como me lo contó no me pareció adecuada.

4- Elabora una PSAdj…

a- Que salga del SNS.
b- Que salga del SN CD.
c- Que salga del SP CRég.
d- Que salga del SN Atrib.
e- Que salga de un SP CC.
f- Que salga de un SP CAg.

5- Elabora una PSAdj en la que el relativo…

a- Funcione como SNS.
b- Funcione como término de un SP CRég.
c- Funcione como término de un SP CD.
d- Funcione como término de un SP CI.
e- Funcione como SN CD.

g- Funcione como término de un SP CAdj.
h- Funcione como término de un SP CN.
i- Funcione como término de un SP CAdv.
j- Funcione como término de un SP CAg.
k- Funcione como término de un SP Atrib.

6- Inventa una PSAdj cuyo relativo sea *lo que*. Si lo consigues, razona por qué te ha resultado tan difícil de encontrar.

1.7 Proposiciones subordinadas sustantivas

1- Haz la prueba para demostrar si estas proposiciones funcionan como sustantivas (PSS o PSAdjSust). Marca la conjunción, si la hay.
a- No se ha averiguado aún si lo prepararon ellos.
b- No lo averiguarás si no lo preparas.
c- No imagino hasta dónde podrán llegar.
d- Llegaron a facturar dos millones de euros.
e- Se negó a hacer de payaso.
f- Me asusta lo que me has contado.
g- Investigaban a qué se debían aquellos preocupantes datos.
h- Aléjate de quienes se metan en líos.
i- Tiene tantas responsabilidades que no puede encargarse de todo.
j- Tiene que hacerse cargo él.
k- Planeó tantos viajes que conocía de memoria todo el país.
l- Planeó cómo salir indemne del enfrentamiento.

2- Localiza los interrogativos. Señala su categoría, su función en la proposición y la función que realiza la proposición que introduce.
a- Averigua a quién pertenecía la moto.
b- Investiga a qué persona se refería.
c- Es muy cuestionable cuándo se debe parar el proceso.
d- Ignoraban de qué fecha se hablaba en los informes.
e- Nadie se imaginaba desde dónde habían llegado.
f- La cuestión es cómo me lo escondieron.
g- Se informaron de dónde poner la reclamación.
h- ¿Cómo te llamas?
i- Sé a qué riesgos te expones.
j- Por qué lo hizo se convirtió en la cuestión más importante.

3- Localiza los relativos. Señala su categoría, su función en la proposición, si introducen una PSAdj o una PSAdjSust y la función que realiza la proposición que introduce.
a- Pruébate las que te parezcan más vistosas.
b- Pruébate las gafas que te parezcan más vistosas.

c- Se obsesionó con quienes vivían en el 5º.
d- Presumía de su amistad con los vecinos con quienes tú discutiste.
e- Fueron felicitados por quienes presidían el jurado.
f- Son asuntos de los que no me preocupo.
g- No son quienes podrían ayudarte.
h- Quien no llora no mama.
i- Se colocó delante de quienes tenían miedo.
j- A quienes salieron pronto no les ocurrió nada.

4- Explica la diferencia de significado y de análisis entre las proposiciones: *Investigan a quién sustrajo el coche*; *Investigan a quien sustrajo el coche.*

5- Subraya las subordinadas y di si son sustantivas. En caso afirmativo escribe su función.
a- Nos ayudó mucho descubrir el emplazamiento.
b- Se animó a buscar trabajo.
c- Controlar la alimentación salvó su vida.
d- Se conformó con quedarse con el negocio pequeño.
e- Es muy difícil de aclarar.
f- Se despertaron al abrirse la puerta.
g- Atrévete a arriesgarte.
h- Es el principal responsable de haber terminado con el secuestro.
i- Después de cenar, se lo contamos todo.
j- No sabía peinarse solo.

6- Analiza sintácticamente.
1- Te arriesgas a que te cojan.
2- Es un ejercicio consistente en golpear el balón con el empeine.
3- Empaquetó cuantas le pidieron.
4- Su denuncia de que las condiciones no eran justas nos impresionó.
5- Francamente, Alberto, ignoro si me readmitirán.
6- A quienes les salgan granos les darán pomada.
7- No sé por dónde tirar.
8- Entregar el proyecto a tiempo fue la salvación de la empresa.
9- ¿Me explicas a qué te refieres, por favor?
10- ¿Eres consciente de lo que has hecho?
11- Me emociona cuánto has luchado.
12- No me inquieta lo que se publique en los periódicos.
13- De tus amigos no ha dicho nadie nada.
14- Explícale por qué se sale el agua de la cisterna.
15- No se ha enterado aún de lo que tiene que pintar.
16- Se especificaba con quién consultar en caso de duda.
17- Lo que no puede ser es imposible.
18- No sé hasta cuándo seguirán informándonos de las ofertas.

7- Busca una PSS o PSAdjSust que haga de…

a- Sujeto.
b- CD.
c- Término de un SP CAdj.
d- Término de un SP CI.
e- Término de un SP CN.
f- Término de un SP CAdv.
g- Término de un SP CAg.
h- Término de un SP CD.
i- Atrib.
j- Término de un SP CC.
k- Término de un SP CRég.

1.8 Proposiciones subordinadas adverbiales

1- Subraya las subordinadas. Indica de qué tipo son y su función.

a- Espérame donde siempre quedamos.
b- Espérame en el bar donde quedamos siempre.
c- No sé dónde hemos quedado.
d- Aunque siempre pagara él lo seguirían llamando tacaño.
e- Lo seguían llamando tacaño, pero siempre pagaba él.
f- Acelera, que llegamos tarde.
g- Es como cuando nadie habla en clase.
h- Hizo tanto ejercicio que se quedó dormido en clase.
i- Hacer tanto ejercicio no puede ser bueno.
j- Se puso a ayudar de inmediato.
k- Se atrevió a ayudar de inmediato.
l- Regresó a ayudar de inmediato.
m- Como me toque la lotería me compro ese abrigo.
n- Como me tocó la lotería me compré ese abrigo.
ñ- Es tan difícil como batir un récord.
o- Corriendo así, acabarás siendo olímpico.
p- Llegó corriendo.
q- Para ser coreano, toca flamenco como Camarón.
r- Formuladas las preguntas, comenzaron a responderlas por orden.

2- En la oración *Es tan difícil como que te toque la lotería*, ¿tenemos una PSS o una PSAdv? Razónalo.

3- Haz lo siguiente, intentando que las oraciones resultantes se parezcan lo más posible.

a- Escribe cinco proposiciones que lleven el nexo *como* o *cómo* y sean de distinto tipo.
b- Escribe cinco proposiciones introducidas por *que*, que sean de distinto tipo.

c- Escribe tres proposiciones con *donde* o *dónde* de distinto tipo.
d- Escribe dos proposiciones con *si* de distinto tipo.

4- Analiza sintácticamente. No todas tienen que ser adverbiales.
- Lázaro se marchó de la sala creyéndose en posesión de la verdad.
- Aun poniéndome en lo peor, no me asusta esa caminata.
- Como se acordaba de todas las calles, se podía pasar sin GPS.
- Me he acostumbrado a quedarme con los perros del vecino.
- Jacinto, anticipándose a los acontecimientos, sacó su dinero del banco.
- Vino desde muy lejos a llevarse la máquina rota.
- Aunque no se lo manifestaran en la reunión, se sentían decepcionados por su gestión.
- Se consideran más seguros cuando están encerrados en su jaula.
- Apenas se dio cuenta de la amenaza se puso a llamar a la policía.
- Aunque se explicaran las cuentas a los inquilinos no se mostrarían satisfechos con ellas.
- Tras levantarse la niebla nos apartamos del camino.
- Presume de coche más que de buena persona.
- Dejamos la ropa secándose al sol.
- A menos que lo definas mejor, parece difícil el concepto.
- Una vez acatada la Constitución, el presidente se dirigió a los periodistas.
- Al entrar sin billete al autobús ya conocías los riesgos.
- Tanto me dio la lata que al final se lo permití.
- Se averió el motor, de modo que nos paramos en el arcén.
- Parece más esbelto que el de delante.
- Todo sucedió tal y como te dije.
- Te lo digo por si no se te había ocurrido.
- Me resultó tan sencillo como a ti.
- No por insistir más te van a tener en cuenta.
- Tanto calor tenía que se quitó hasta los pantalones.
- No se administra tan bien como su hermana.
- Estando yo en Sevilla se produjeron los arrestos.

5- ¿Cómo analizarías la oración *Los chicos como tú no suelen mostrarse tan decididos*? Razona la respuesta.

6- Razona cómo podría analizarse *Toca como Camarón.*

7- Razona por qué en *Aunque me dolía salí a la calle* hay una idea concesiva y en *Me dolía pero salí a la calle* hay una idea adversativa.

8- ¿Qué tipo de proposición subordinada tenemos en *Te daré una linterna por si se va la luz*? Razona tu respuesta.

9- En *Lo guardé para que no se perdiera*, ¿encontramos una PSS o una PSAdv? Razona tu respuesta.

10- ¿Qué diferencia hay en las construcciones *Trabaja como camarero* y *Trabaja como un esclavo*?

11- ¿Qué escritura es correcta, *Ya verás como viene vestida* o *Ya verás cómo viene vestida*? ¿Qué oración tenemos en cada caso?

1.9 Oraciones con más de dos proposiciones. Oraciones de PAU.

Todas estas oraciones han sido extraídas de exámenes reales o de modelos oficiales de Selectividad. Analiza sintácticamente:

1- Especialmente efectivos para estimular la criminalidad son los mensajes que refuerzan los estereotipos negativos.

2- El estruendo del arma lo despertaba, pero siempre era un sueño y en otro sueño el ataque se repetía y en otro sueño tenía que volver a matarlos.

3- En medio de este Olimpo cosmético y envasado me afeito contemplando mi rostro en un espejo muy amigo que se porta bien conmigo.

4- Cuando tras dar mil vueltas a mis preocupaciones, me acuerdo de un amigo, voy a verle.

5- Un segundo grupo de palabras que por su origen se escriben con b es el de aquellas que en latín tenían p intervocálica.

6- Y al oír sus gritos, los que entretenían la espera a alguna distancia echaron a correr desalados hacia los postes más próximos.

7 -En el acuerdo se asegura también que se mantendrán determinados servicios gratuitos, aunque serán de carácter promocional.

8- Había estado en la muerte, en efecto, pero había regresado porque no pudo soportar la soledad.

9- Puede afirmarse que una de las aportaciones fundamentales de la lingüística actual es haber puesto de manifiesto que no existen lenguas primitivas.

10- Ahora se enterará de que las telas no solo sirven para hacer flores, sino para empapar lágrimas.

11- Esa sociología del exilio debería considerar los problemas que la diáspora ha generado y genera en el ámbito familiar.

12- Al quejarse don Pedro del cuidado que le proporcionaba el manejo de la casa, sus hijos le dijeron que lo dejara en manos de Margarita.

13- La falta del nombre único ha hecho más difícil la comprensión del hecho y ha aumentado la dificultad de entenderlo cabalmente.

14- Vuelvo a la vida con la muerte al hombro, abominando cuanto he escrito.

15- Ayer mismo éramos tú y yo dos críos que veníamos a fumar aquí, a escondidas, los primeros pitillos.

16- Una idea entera se cambia porque una palabra se trasladó de sitio, o porque otra se sentó como una reinita adentro de una frase que no la esperaba.
17- Es evidente que la capacidad económica proporciona unos medios para la actividad deportiva pero no ofrece garantías totales de éxito.
18- Un simio es totalmente incapaz de construir instrumentos valiéndose de otros instrumentos, es incapaz de acceder a una actividad instrumental.
19- Porque en noches como esta la tuve entre mis brazos, mi alma no se contenta con haberla perdido.
20- El lenguaje no es una función natural y biológica del hombre sino una creación cultural que heredamos y aprendemos los hombres.
21- Puede parecer imposible que en cada esquina de la actualidad se encuentre un centinela videoaficionado, pero es así.
22- Se inclina para besarla y da un golpe con el pie a la lechera, que se derrama estrepitosamente.
23- Los que cocinamos los medios sabemos que estos personajes son monstruos atípicos, pero los telespectadores creen en ellos cada vez más.
24- Había aprendido a no hacerse preguntas, a aceptar que la derrota se cuela en lo hondo.
25- No olvidemos la concepción homogeneizante que se intentó establecer en la construcción del Estado-nación en América Latina.
26- El padre de Ena, que había venido a Barcelona por unos días, a la mañana siguiente me vendría a recoger para que le acompañara en su viaje.
27- Los hábitos o necesidades de los individuos no determinan en qué dirección se producirán las mutaciones.
28- Si usted lo ignora, señor don Diego, no finja que lo sabe.
29- Cuando me veía leer *El Quijote* me preguntaba si entendía lo que estaba leyendo.
30- Lepprince era listo y hábil: pronto se granjeó la confianza de Savolta, cuya salud se deterioraba a pasos agigantados.
31- Los periódicos nada dicen de los millones de hombres que en todos los países del globo van a sus campos a proseguir la labor cotidiana.
32- Un día se le ocurrió a la madre que los retratara yo a los tres, para mandar el retrato a sus parientes de Inglaterra.
33- Acuérdate de lo que decía la pobre mamá, que en paz descanse.
34- Le rogué un día que no siguiera porque ya mi propósito de quedarme en el país estaba hecho.
35- Es un espectáculo fascinante que se convierte en problema si me libro de su hechizo.

1.10 Preparando las oposiciones

Marca los verbos, y los nexos. Después analiza y justifica tu análisis:

1- *Así que todas las mañanas salían de casa a buena hora, y apenas se instalaban en el quiosco el tío abría la enciclopedia y, ayudándose con un dedo, comenzaba a desgranar las palabras en sílabas claras y doctrinales, y nunca pasaban a otro artículo hasta que Gregorio había memorizado bien el anterior.*

2- *Total, que me la quitaron y quisieron sujetarme; pero yo, braceando como una leona, me zafé, tiré el cuchillo y salí tranquila a la calle, y de una carrerita, antes que pudieran seguirme, fui a parar a la calle del Peñón.*

2 Soluciones

2.1 Algo de morfología

1- a- Los, det; problemas, n; que, pron; tiene, v; la, det; asistencia, n; médica, adj; hoy, adv; son, v; similares, adj; en, prep; los, det; distintos, det indef; países, n; europeos, adj; así que, loc conj; requieren, v; similares, adj; respuestas, n.
b- Algunos, pron; estaban, v; menos, adv; preocupados, adj; aunque, conj; tampoco, adv; sabían, v; qué, det; traje, n; llevar, v; a, prep; la, det; fiesta, n.
c- Lo, det; mejor, adjetivo sustantivado (nombre); es, v; trabajar, v; duro, adv (aquí es invariable); permanecer, v; atento, adj; y, conj; avanzar, v; deprisa, adv.
d- Eh, interjec; Carlos, n; no, adv; olvides, v; explicar, v; se, pron; lo, pron; mientras, conj; le, pron; hablas, v; del, prep+det; nuevo, adj; producto, n.
e- Bastante, adv; complicado, adj; parecía, v; encontrar, v; bastantes, pron; cuando, conj; no, adv; teníamos, v; bastante, det; tiempo, n.
f- Aparecieron, v; tantos, pron; que, conj; no, adv; había, v; tantas, det; tiendas, n; como, conj; para, prep; alojar, v; a, prep; un, det; grupo, n; tan, adv; numeroso, adj.
g- Había superado (un solo verbo, aunque vaya partido), v; a pesar de, loc prep; su, det; juventud, n; todas, det; las, det; pruebas, n; finales, adj; aquellas, det.
h- Qué, det; persona, n; no, adv; sabría, v; qué, pron; hacer, v; cuando, conj; todos, pron; vemos, v; qué, adv; fácil, adj; resultaba, v; resolver, v; lo, pron.
i- Ese, det; último, det (también posible como adjetivo); problema, n; suyo, det; no, adv; llegó, v; a, prep; mi, det; conocimiento, n; ni, conj; al, prep+det; tuyo, pron.
j- Estaba pensando, v; aquel, det; día, n; se, pron; lo, pron; aún, adv; es decir, que, loc conj; no, adv; sabía, v; cómo, adv; decir, v; se, pron; lo, pron.

2- a- Demasiado, adv; suficientes, det; todos, pron.
b- Algunos, det; demasiado, adv; suficiente, pron.
c- Nada, pron; nada, adv; nadie, pron; bastante, adv.
d- Más, adv; menos, det; más, adv.

e- Más, det; menos, pron; bastante, det.

3- a- Qué, det; qué, pron; cuánto, adv.
b- Quiénes, pron; qué, det; qué, pron.
c- Qué, adv; qué, pron; cuál, pron.
d- Cuál, pron; cómo, adv; qué, det.
e- Cuán, det; cuántos, det; cómo, adv.

4- a- *De palabra*, adjetiva; *de modo que*, conjuntiva.
b- *Poco a poco*, adverbial; *junto a*, preposicional; *como si nada*, adjetiva (o adverbial).
c- *En carne viva*, adjetiva; *de vez en cuando*, adverbial.
d- *A pesar de que*, conjuntiva (o *a pesar de* preposicional); *en contra de*, preposicional.
e- *Madre mía*, interjectiva; *de armas tomar*, adjetiva.
f- *Gracias a*, preposicional; *dio a conocer*, verbal.
g- *Qué más quisieras*, interjectiva; *ni de coña*, adverbial.
h- *Mogollón de*, determinativa; *un porrón de*, determinativa.
i- *En tiempo de*, preposicional; *vacas flacas*, nominal; *chivo expiatorio*, nominal.
j- *Por culpa de*, preposicional. *Tuvimos que dar* no es locución, sino perífrasis verbal de obligación. *Alrededor de la arboleda* es un SAdv con núcleo y SP CAdv, pero algunos profesores pueden considerar que *alrededor de* forma locución preposicional. Algunos considerarán locución verbal *dar un rodeo*, pero, puesto que puedes decir *dimos un enorme rodeo* y *lo dimos*, prefiero considerar que las palabras conservan su autonomía.

5- a- En *Lleva estudiando dos horas* el sujeto no lleva nada. *Llevar* carece de significado léxico y solo sirve para indicar significado gramatical. Se trata de una perífrasis aspectual durativa. En *Lleva colgando un hilo* el sujeto lleva un hilo, que va colgando: tenemos una PSAdv de modo.
b- En *Vino a poner orden*, el sujeto realizó la acción de venir: *a poner orden* indica la finalidad (PSAdv final). Sin embargo, en *Viene a tardar dos horas* el sujeto no realiza la acción de venir. La idea es que tarda, más o menos, dos horas: es una perífrasis aspectual de aproximación.
c- En la primera se nos dice la razón por la que está en la cárcel. Tenemos una PSAdv causal, o un SP CC causa dentro del que encontramos una PSS. En la segunda se nos dice que está pensando en salir de paseo, que tiene intención de hacerlo, no que esté en ningún sitio: se trata de una perífrasis aspectual ingresiva. También podemos entender que duda si salir o no: entonces sería modal de duda.
d- En la primera nos dice dónde está el parque: tenemos una PSAdvL. En la segunda no se nos dice dónde está Juan: se nos indica que Juan rodea en este momento la fábrica: perífrasis aspectual durativa.

e- En la primera tenemos una perífrasis de voz pasiva: hay una acción, la de reservar. En la segunda tenemos una cópula (*están*) y un atributo (*reservadas*) y se nos muestra un estado y no una acción.
f- En la primera, el verbo *va* nos indica la acción de desplazarse: no forma perífrasis. En la segunda se nos muestra la intención de Pepe, puesto que la preposición *en* impide que el verbo ir signifique desplazarse: tenemos una perífrasis aspectual ingresiva.
g- En la primera no lleva nada: las ha puesto. Se trata de una perífrasis aspectual perfectiva. En la segunda el hablante lleva las sandalias y *puestas* dice cómo las lleva: *puestas* es un SAdj PVO.
h- En la primera tenemos dos acciones: la de acercarse y la de apagar. En la segunda solo hay una acción. Se nos indica que el sujeto culminó esa acción después de un proceso: se trata de una perífrasis aspectual perfectiva.
i- En la primera se nos dice cómo empezó el sujeto: tenemos una PSAdvM. En la segunda no hay dos acciones, la de empezar y la de citar, sino solo una. Se nos dice que la acción de citar se encuentra en su principio: perífrasis aspectual incoativa.

6- a- *Fue haciendo*, aspectual durativa.
b- *Debió de acordarse*, modal de conjetura.
c- *Lio a charlar*, aspectual incoativa; *volvió a acordarse*: aspectual reiterativa.
d- *Andan valorando*, aspectual durativa; *siguen dudando*, aspectual durativa.
e- *Estaban organizando*, aspectual durativa; *alcanzaron a prever*, aspectual perfectiva.
f- *Tiene que comprender*, modal de obligación; *dejar de fumar*, aspectual perfectiva.
g- *Solía conformarse*, aspectual frecuentativa; *se echó a llorar*, aspectual incoativa.
h- *Acostumbra a*, aspectual de costumbre.

7- El objetivo de este ejercicio es que el alumno comprenda que hay que distinguir la idea aspectual o modal del verbo y del enunciado: un verbo durativo, negado y con un adverbio *ya* ofrecerá un aspecto perfectivo.
a- *Estoy estudiando* aporta una idea aspectual durativa. Sin embargo, la oración aporta una idea aspectual perfectiva.
b- *He acabado* aporta una idea aspectual perfectiva. Sin embargo la oración aporta una idea durativa.
c- *Ha dejado de fumar* aporta una idea perfectiva. Sin embargo la oración aporta una idea durativa.
d- *Va a disculparse* aporta una idea aspectual ingresiva. Sin embargo la negación anula ese valor.

8- Además de *Me quedan por hacer seis oraciones*, también podría escribir *Me quedan sin hacer seis oraciones* o *Me quedan seis oraciones para hacer* o *Me quedan seis oraciones que hacer.* Además, las oraciones me quedan: el verbo no ha perdido su significado. El complemento está predicando cómo quedan las oraciones: inacabadas. No hay perífrasis.

9- a- En *Ciertas personas*, *ciertas* es un determinante indefinido, similar a *algunas*. Sin embargo, en *pruebas ciertas*, *ciertas* equivale a *verdaderas* y funciona como adjetivo.
b- En *algunas personas*, *algunas* es un determinante indefinido. En *prenda alguna*, que, precedido de la negación, significa *ninguna prenda*; también tenemos un determinante.

2.2 Sintagmas

1- a- *De la célula terrorista de París* a *vinculación; de París* a *célula; con el crimen organizado del sur de Italia* a *vinculación; del sur de Italia* a *crimen; de Italia* a *sur*.
b- *De paz en el mundo* a *deseo; en el mundo* a *paz; de todos los presentes en la cena de celebración del aniversario de la constitución del país* a *deseo; en la cena de celebración del aniversario de la constitución del país* a *los presentes; de celebración del aniversario de la constitución del país* a *cena; del aniversario de la constitución del país* a *celebración; de la constitución del país* a *aniversario; del país* a *constitución.*
c- *De los voluntarios de la región* a *esfuerzos; de la región* a *voluntarios; por un diálogo continuado con los responsables de los recursos humanitarios* a *esfuerzos; con los responsables de los recursos humanitarios* a *diálogo; de los recursos humanitarios* a *responsables.*
d- *De las competiciones de invierno* a *celebración; de invierno* a *competiciones; por parte de los integrantes de los clubes de esquí de Murcia* a *celebración; de los clubes de esquí de Murcia* a *integrantes; de esquí* a *clubes; de Murcia* a *clubes; durante el periodo de vacaciones de Navidad* a *celebración; de vacaciones de Navidad* a *periodo; de Navidad* a *vacaciones.*
e- *Del escudo del club de fútbol* a *cambio; del club de fútbol* a *escudo*; *de fútbol* a *club; por el propósito de ofrecer una imagen renovada de la entidad ante la afición* a *motivado; de ofrecer una imagen renovada de la entidad ante la afición* a *propósito; de la entidad* a *imagen; ante la afición* a *imagen.*
f- *De propuestas en materia de sanidad* a *falta; en materia de sanidad* a *propuestas* (*en materia de* es una locución preposicional)*; de los nuevos consejeros de la empresa* a *propuestas; de la empresa* a *consejeros; a pesar de la importancia de la prevención de riesgos laborales* a *falta; de la prevención de riesgos laborales* a *importancia; de riesgos laborales a prevención.*

2-

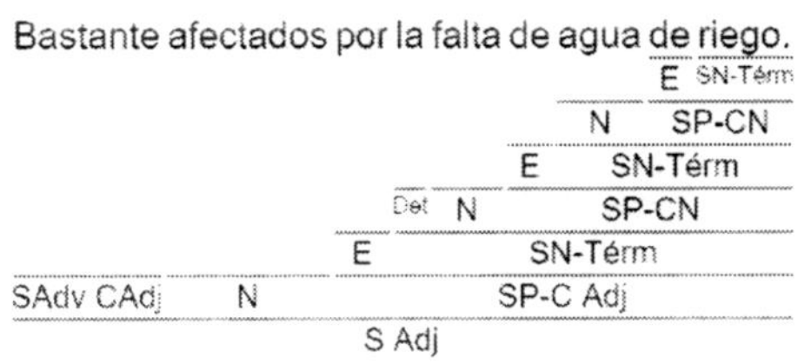

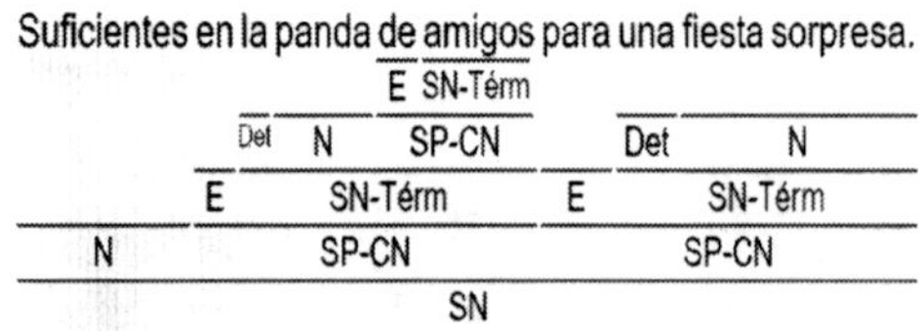

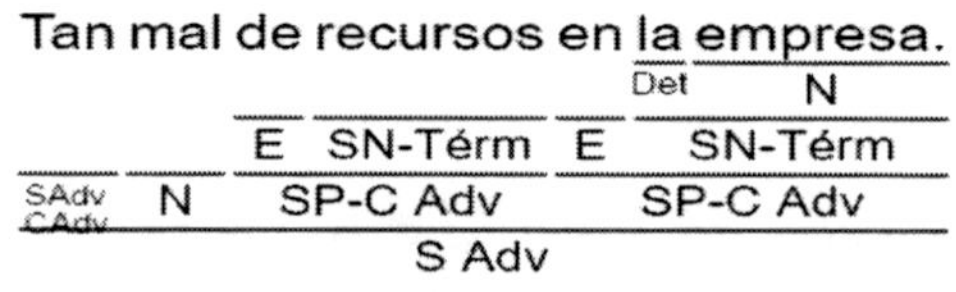

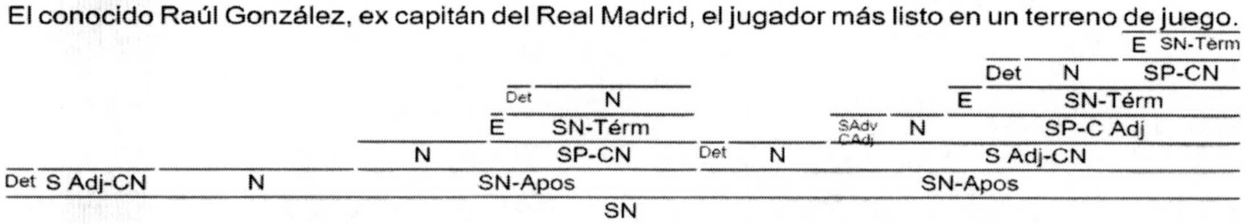

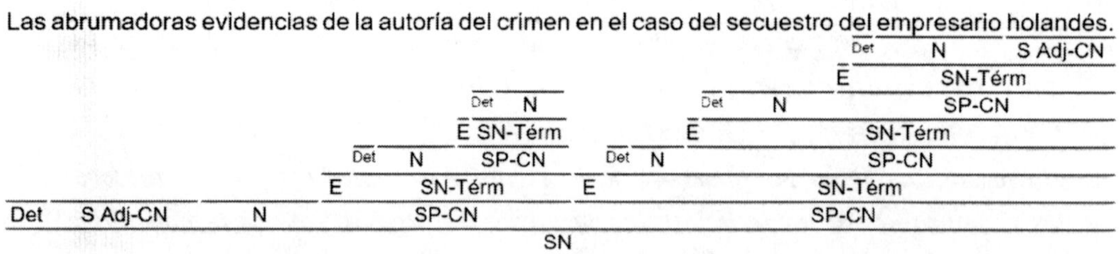

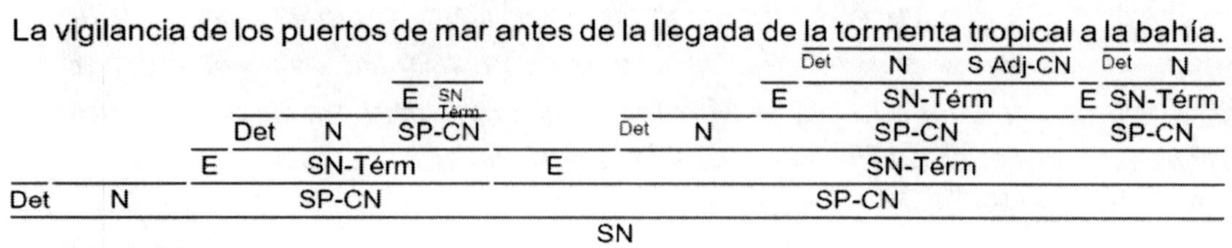

3- *Importante* es un adjetivo. Sin embargo, el artículo *lo* lo sustantiva. A pesar de ello, mantiene en parte su funcionamiento como adjetivo: por eso puede recibir un adverbio (*más*) como complemento del adjetivo.

2.3 Sujeto, predicado y elementos oracionales

1- a- No me asusta **ninguna película de terror**.

b- **Nada** parece seguro.

c- No hubo ninguna duda aquel viernes. Impersonal.

d- Se interrogó a los sospechosos. Impersonal.

e- No se aceptarán **devoluciones de artículos sin embalaje original**.

f- No se tienen **muchos escrúpulos** en esa organización.

g- No entró **nadie** hasta las 7.

h- Llegaron muy interesados **los turistas**.

2-

Se lo entregaron custodiado por dos agentes de paisano.

E SN-Térm
Det N SP-CN
E SN-Térm
N SP-C Adj
SN CI SN CD NP S Adj-C Pvo
SV-SPV
O. Simple SO: Ellos

Dejó muy tristes a los enamorados de la música la noticia de su muerte.

Det N
E SN-Térm
Det N SP-CN Det N
SAdv CAdj N E SN-Térm E SN-Térm
NP S Adj-C Pvo SP-CD Det N SP-CN
SV-SPV SN-Suj
O. Simple

Los encontraron escondidos bajo el capó del coche.

Det N
E SN-Térm
Det N SP-CN
E SN-Térm
SN CD NP S Adj-C Pvo SP-CC L
SV-SPV
O. Simple SO: Ellos

Las vacaciones las pasaremos en la capital en caso de inundaciones.

Det N
E SN-Térm E SN-Térm
SN-CD dupl SN CD dupl NP SP-CC L SP-CC condic
SV-SPV
O. Simple SO: Nosotros

Les pedimos a los psicólogos ayuda con los casos más difíciles.

SAdv CAdj N
Det N Det N S Adj-CN
E SN-Térm E SN-Térm
SN CI dupl NP SP-CI SN-CD SP-CC
SV-SPV
O. Simple SO: Nosotros

Mandamos los (alumnos) más jóvenes una carta de protesta a la organización.

E SN-Térm Det N
SAdv CAdj N Det N SP-CN E SN-Térm
NP Det N S Adj-CN SN-CD SP-CI
SV-SPV SN-Suj SV-SPV
O. Simple

No conocía nadie el lugar de escondite del tesoro.

N SP-CN
E SN-Térm
Det N SP-CN
S Adv CC neg NP SN-CD
SV-SPV SN-Suj SV-SPV
O. Simple

Las maniobras de reanimación salvaron de una muerte segura al accidentado.

Det N S Adj-CN Det N
E SN-Térm E SN-Térm E SN-Térm
Det N SP-CN NP SP-C Rég SP-CD
SN-Suj SV-SPV
O. Simple

Se lo notificaron con la debida antelación.

Det S Adj-CN N
E SN-Térm
SN CI SN CD NP SP-CC M
SV-SPV
O. Simple SO: Ellos

Nombramos delegado a Pedro por dos votos de diferencia.

Det N SP-CN
E SN-Térm E SN-Térm
NP S Adj-C Pvo SP-CD SP-CC M
SV-SPV
O. Simple SO: Nosotros

Regresó convencido de su capacidad para el cargo tras las vacaciones.

Det N SP-CN
E SN-Térm Det N
N SP-C Adj E SN-Térm
NP S Adj-C Pvo SP-CC T
SV-SPV
O. Simple SO: Él

Dejó su puesto en la agencia por incompatibilidad con su jefe.

E SN-Térm N SP-CN
Det N SP-CN E SN-Térm
NP SN-CD SP-CC causa
SV-SPV
O. Simple

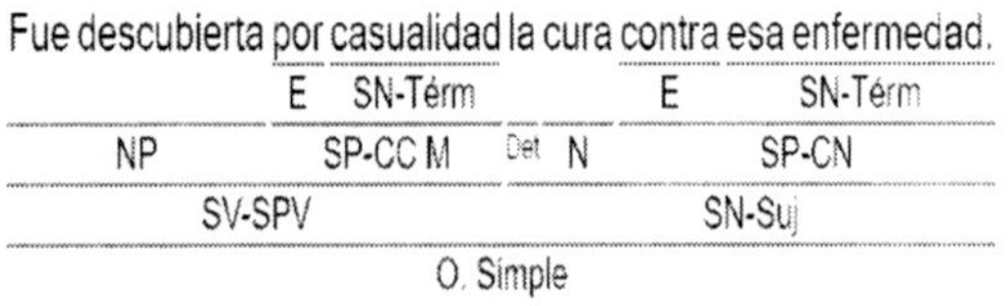

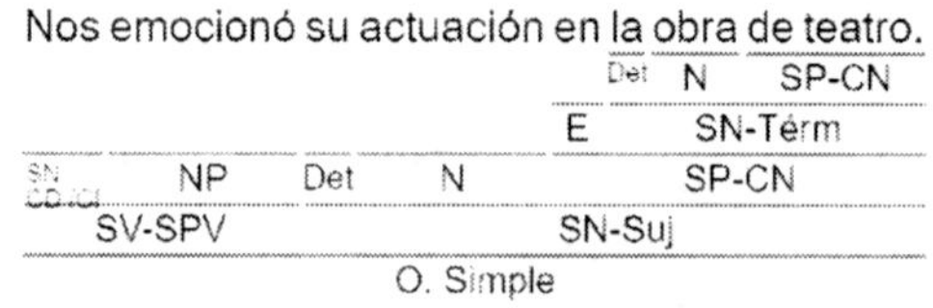

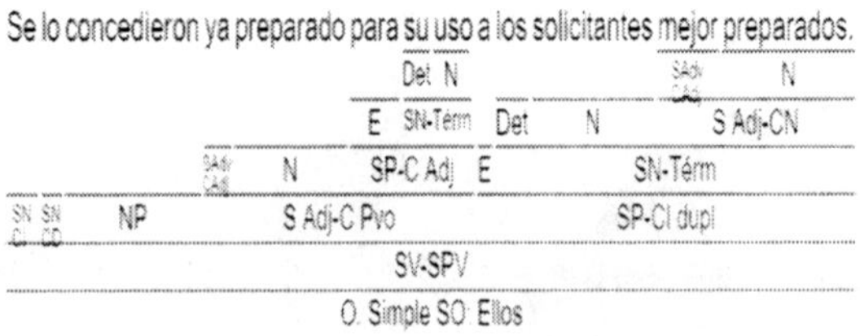

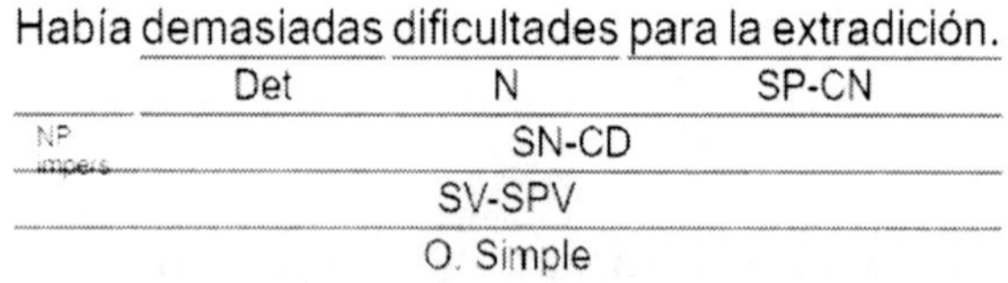

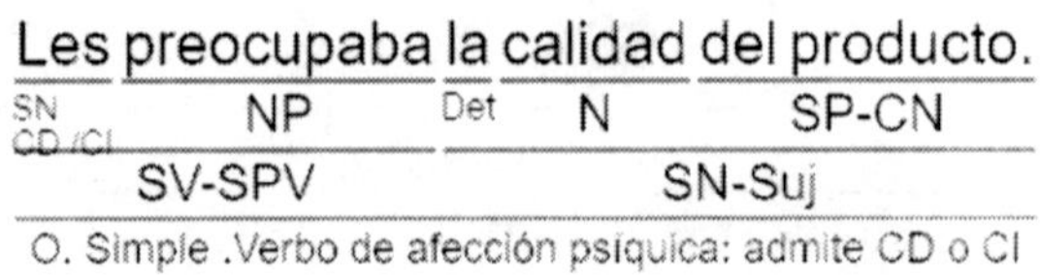

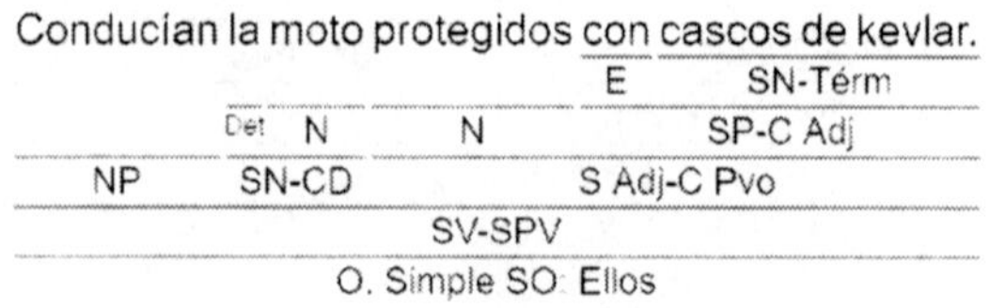

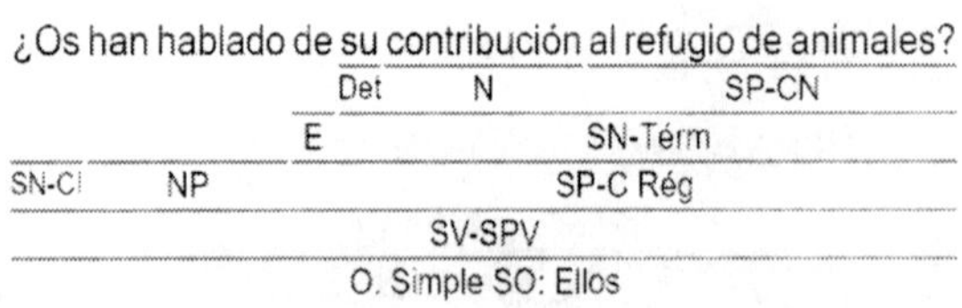

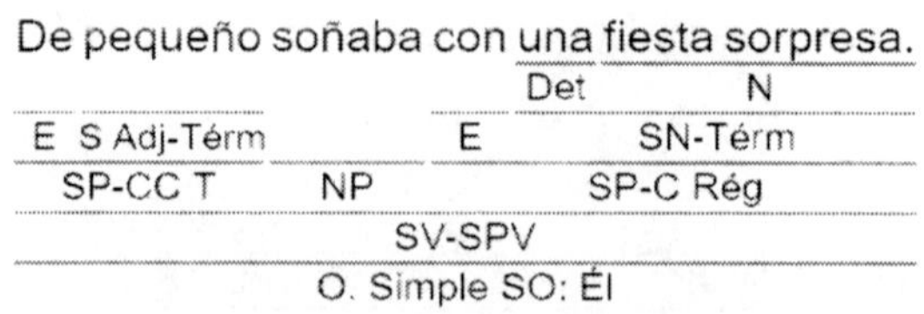

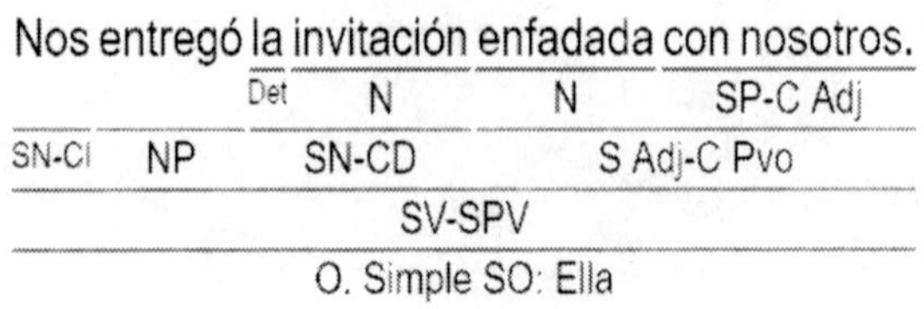

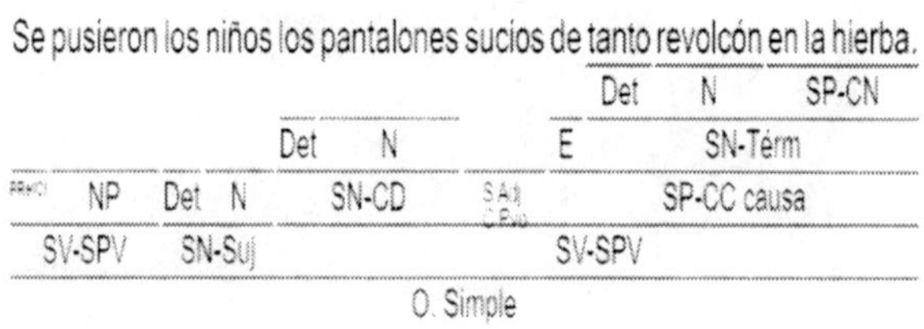

En *Nos emocionó su actuación en la obra de teatro* tenemos un verbo de afección psíquica. Por ello *nos* puede ser CD o CI. En *De pequeño soñaba con una fiesta sorpresa*, *de pequeño* puede ser considerado PVO.

3- a- Nos dice cómo estaban: de los nervios, o nerviosos. Copulativo.
b- Nos dice cómo es (cumplidor). Copulativo.
c- Nos dicen qué eran (unos Fernández de Soria, ellos también). Copulativo.
d- Nos dice qué parecían: centroamericanos. Copulativo.
e- En *Estuvimos varios días con el equipo de baloncesto* tenemos un complemento que nos indica cuánto tiempo y otro que nos dice con quién, pero ninguno que nos indique una cualidad del sujeto. Predicativo: se acerca al significado de *permanecer*.
f- Se nos dice dónde tendrán lugar los conciertos (CCL), pero no se nos da ninguna característica de estos. Predicativo: el verbo significa *tienen lugar*.
g- Se nos indica cuándo tendrá lugar la carrera, pero no cómo será. Además, el verbo significa *tendrá lugar*. Predicativo: el verbo significa *se celebrará*.

h- Se nos dice cómo parecían. Copulativo.

i- No tenemos el verbo *parecer*, sino *parecerse*, que significa *tener parecido.* Predicativo.

j- Se nos dice dónde estaban, pero no cómo. Predicativo: significa *se hallaban.*

k- Nos dicen cómo estaban (muy deprimidos), no dónde. Copulativo.

l- Se nos dice dónde están, no cómo. Predicativo: significa *se encuentran.*

4-

Nos fue concedida la beca tras varios intentos.

SN-CI | NP | Det | N | SP-CC T

SV-SPV | SN-Suj | SV-SPV

O. Simple

Las becas ya están concedidas desde febrero.

Det | N | S Adv CC T | cóp | S Adj-Atrib | SP-CC T

SN-Suj | SV-SPN

O. Simple

Nos hubiera sido más rentable una inversión en industria.

SAdv CAdj | N | E | SN-Térm

SN-CI | cóp | S Adj-Atrib | Det | N | SP-CN

SV-SPN | SN-Suj

O. Simple

Están en tercer curso de Química los (vecinos) del piso de abajo.

E | SN-Térm | E | S Adv Térm

Det | N | SP-CN | Det | N | SP-CN

E | SN-Térm | E | SN-Térm

NP | SP-CC L | Det | N | SP-CN

SV-SPV | SN-Suj

O. Simple

No me pareció tan complicado durante la exposición.

SAdv CAdj | N | E | SN-Térm

S Adv CC neg | SN CI | cóp | S Adj-Atrib | SP-CC T

SV-SPN

O. Simple SO: Eso

Estuvimos una semana agobiados por el papeleo.

Det | N | N | SP-C Adj

cóp | SN-CC T | S Adj-Atrib

SV-SPN

O. Simple SO: Nosotros

No están acostumbrados al frío de Soria.

N | SP-C Adj

S Adv CC neg | cóp | S Adj-Atrib

SV-SPN

O. Simple SO: Ellos

Fueron acostumbrados desde pequeños a una disciplina estricta.

E | S Adj-Térm | E | SN-Térm

NP | SP-CC T | SP-C Rég

SV-SPV

O. Simple SO: Ellos

5- a- Venga, tío (voc).

b- Al final.

c- Juan (voc); por lo que más quieras.

d- Desgraciadamente.

e- Para mí.

f- En realidad; amigos míos (voc).

6- En *Allí sucedió de todo* podemos sustituir *de todo* por *algo.* Así vemos que hace de sujeto. ¿Significa que tenemos un SP sujeto? No. Ese *de* tiene valor partitivo (indica parte de una cantidad). La oración equivale a *Allí sucedió un poco de todo.* También podría considerarse que *de todo* forma una locución nominal.

En *Alejandro come de todo* no tenemos CRég porque la preposición no es exigida por el verbo: sirve para expresar cantidad (la parte de un todo). En realidad, lo que el hablante expresa es que *Alejandro come (un poco) de todo.* Conviene mostrar en el análisis esa parte omitida para evitar decir que un SP con *de* pueda hacer de CD. También podría considerarse que *de todo* forma una locución nominal.

2.4 Pronombres personales átonos

1- a- El cierre no se ha estropeado a sí mismo. No es reflexivo. Es voz media y *se* va dentro del NP.
b- No se fatigan conscientemente, es algo que les sucede. No es reflexivo, sino voz media. El pronombre va dentro del NP.
c- Se inclinaron a sí mismos, podían haber inclinado, por ejemplo, la cabeza, y la acción es consciente. Reflexivo CD.
d- Se tiró a sí mismo, podía haber tirado a otro, es una acción consciente. Reflexivo CD.
e- Me afeité a mí mismo la barba, podría haber afeitado a otro, fue una acción consciente. Lo afeitado es la barba (CD). Reflexivo CI.
f- Se afeitan a sí mismos, podrían afeitar a otros, acción consciente. Reflexivo CD.
g- Se ha apuntado a sí mismo, podría haber apuntado a su hijo, es una acción consciente. Reflexivo CD.
h- No se muestra a sí mismo. Si decimos *Muestra muy seguro de su éxito a su hermano* queremos decir que lo enseña. En la oración original el sujeto no se enseña a sí mismo orgulloso. No es reflexivo, sino pronominal (si consideramos la acción consciente) o voz media (si la consideramos inconsciente).
i- No fue algo que hizo conscientemente, sino algo que le pasó. No es reflexivo, sino voz media. Podría considerarse pronominal.
j- No puede quejar a otro. No es reflexivo, sino pronominal.
k- Te echaste a ti mismo, podrías haber echado algo y fue una acción consciente. Reflexivo CD.
l- No realizó la acción conscientemente, fue algo que le ocurrió. No es reflexivo, sino voz media.
m- Podemos decir *Dirigieron sus tropas hacia un sitio*, pero en este caso el verbo significa otra cosa (*mandar*). Ellos no se dirigieron a sí mismos, sino que fueron. El verbo *dirigirse* es distinto del verbo *dirigir*. No es reflexivo, sino pronominal.
n- No se lesionó a propósito, fue algo que le ocurrió. No es reflexivo, sino voz media.
ñ- El sujeto no se come a sí mismo, ni come para sí mismo. El pronombre es prescindible. No es reflexivo, sino dativo ético.
o- Se lo permite a sí mismo, podría permitírselo a otro, es una acción consciente. Reflexivo CI.

2- a- Se jactaba de ser rico. Pronominal.
b- Se burlaba de sus hermanos. Pronominal.
c- Se encontró con su tío en la calle. Si se encontraron por casualidad, es una voz media. Si habían quedado para encontrarse en la calle, pronominal. En

ningún caso *se* funcionará como recíproco, puesto que el verbo está en singular.

d- Se encontró dos monedas antiguas bajo las maderas. Voz media. Podría analizarse como impersonal.

e- No te pareces a tu padre. Voz media.

f- Me niego a aceptarlo. Pronominal.

g- Se quedó sin trabajo. Voz media.

h- Siempre se queda un buen rato tomando café. Pronominal.

i- Se sacó la muela del juicio. PRef CI, matiz causativo.

j- Me cené la pizza entera. Dativo ético.

k- No me digas eso. No hay uso especial. *Me* es PP CI.

l- Se apoyó en el muro. Reflexivo CD.

m- Se me ha roto el móvil. Voz media. CI: *me*.

n- El estadio se abrirá una hora antes del partido. Pasiva refleja.

ñ- Cuando se es tan perezoso las cosas no salen bien. Impersonal.

o- El dobladillo se cose con la máquina. Pasiva refleja.

p- Se ha vuelto muy desconfiado. Voz media.

q- No te empeñes en llevar razón. Pronominal.

r- Se lo devolvieron en buen estado. Sustituto de *le*, CI.

s- Nada se arregla con violencia. Pasiva refleja.

t- Esas setas no se encuentran con facilidad. Pasiva refleja.

u- Se mató en el accidente. Voz media.

v- Se mató llevado por la desesperación. Reflexivo CD.

w- Se suicidó el 2 de septiembre de 1916. Pronominal.

x- No se me ocurre uno mejor. *Se* es voz media; *me* es CI.

3-

Se ha informado	de un terremoto.
NP imp	SP-C Rég
SV-SPV	
O. Simple	

Se	han informado	bien	antes del juicio.
PRef CD	NP	S Adv CC M	SP-CC T
SV-SPV			
O. Simple SO: Ellas			

No	me refiero	a ese artículo.
S Adv CC neg	NP pron	SP-C Rég
SV-SPV		
O. Simple SO: Yo		

Los	trapos	sucios	se lavan	en casa.
Det	N	S Adj-CN	NP pas ref	SP-CC L
SN-Suj			SV-SPV	
O. Simple				

Se arreglarán	todas	las	tuberías	a cargo de la comunidad.
pas ref	Det	Det	N	SP-CC M
SV-SPV	SN-Suj			SV-SPV
O. Simple				

El	coche	se chocó	en la última curva.
Det	N	NP vm	SP-CC L
SN-Suj		SV-SPV	
O. Simple			

No	se	te	ha educado	para eso.
S Adv CC neg	NP imp	SN CD	NP imp	SP-CC F
SV-SPV				
O. Simple				

Se	protegía	los brazos	con crema solar.
PRef CI	NP	SN-CD	SP-CC Inst
SV-SPV			
O. Simple SO: Él			

Se apoyó contra la pared tras el mareo.
PRef CD | NP | SP-CC L | SP-CC T
SV-SPV
O. Simple SO: Él

Se cortó el pelo en la peluquería del barrio.
PRef CI | NP | SN-CD | SP-CC L
SV-SPV
O. Simple SO: Él

Siempre se pasan el balón entre ellos.
S Adv-CC T | PRec CI | NP | SN-CD | SP-C Pvo
SV-SPV
O. Simple SO: Ellos

Esa chaqueta se lava en frío.
Det | N | NP pas ref | SP-CC M
SN-Suj | SV-SPV
O. Simple

Se encharcaron todas las aceras.
NP vm | Det | Det | N
SV-SPV | SN-Suj
O. Simple

Se pintarán las farolas.
NP pas ref | Det | N
SV-SPV | SN-Suj
O. Simple

No te me pongas farruco.
S Adv CC neg | NP pron | Dat ét | NP pron | S Adj-C Pvo
SV-SPV
O. Simple SO: Tú

Se registró a los sospechosos.
NP imp | SP-CD
SV-SPV
O. Simple

Se registraron los dormitorios uno por uno.
NP pas ref | Det | N | SN-C Pvo
SV-SPV | SN-Suj | SV-SPV
O. Simple

Se desplazó a Córdoba el domingo.
NP pron | SP-CC L | SN-CC T
SV-SPV
O. Simple SO: Ella

Dámelas arregladas.
NP | SN CI | SN CD | S Adj-C Pvo
SV-SPV
O. Simple SO: Tú

Así no se puede hablar.
S Adv CC M | S Adv CC neg | NP imp
SV-SPV
O. Simple

4- a- Luis y Carlos se presentaron a su nuevo jefe (le dijeron sus nombres).
b- Juan y Carlos se presentaron en la fiesta de Navidad (el uno al otro).
c- Se presentaron los nuevos coches en el Salón del Automóvil.
d- Se presentaron cuando ya había empezado la película (hicieron acto de presencia).
e- Se espera una afluencia masiva de turistas.
f- Se espera en el aeropuerto al jefe del Gobierno.
g- Si se esperan el uno al otro tardarán aún más.
h- No se esperaba aquella sorpresa.
i- Se preparó una gran fiesta de bienvenida.
j- Se preparó para la fiesta de bienvenida.
k-Se preparó una tortilla para la excursión.
l- Se preparó a las tropas para el asalto.

5- En *Se propuso estudiar más* podemos decir *Él propuso a su hermano que estudiara más*, pero el verbo ha cambiado de significado: en el ejemplo significa *tomar una decisión* y en el segundo *hacer una propuesta.* Por tanto, no hay reflexividad: se trata de un verbo pronominal. En *Se propuso para el cargo*, él se propuso a sí mismo para desempeñar el cargo, del mismo modo que podía haber propuesto a otro: pronombre reflexivo CD.

2.5 Yuxtapuestas y coordinadas

1- Respuesta libre.

2-

Se apartó del camino, pero no perdió de vista a los otros peregrinos.

E SN-Térm | E SN-Térm

PRef CD NP SP-CC L | S Adv CC neg NP SP-CD

SV-SPV SO: Élla | SV-SPV SO: Ella

O. Compuesta Coord Adv NXO O. Compuesta Coord Adv

O. Compuesta

O se nos devuelve el dinero o se nos compensa con otro objeto.

SN-CI NP pas ref Det N | NP imp SN CD NP imp SP-CC M

SV-SPV SN-Suj | SV-SPV

NXO O. Compuesta Coord Disy NXO P2 O. Compuesta Coord Disy

O. Compuesta

No sólo se preocupaba por sus pacientes, sino que además se sabía de memoria los historiales.

NP pron SP-CC causa | S Adv CC afir Dat ét NP SP-CC M SN-CD

SV-SPV SO: Ella | SV-SPV

NXO P1 O. Compuesta Coord Adv NXO P2 O. Compuesta Coord Adv

O. Compuesta

Ni se decide ni renuncia a la plaza.

NP pron | NP SP-C Rég

SV SPV SO: Ella | SV-SPV SO: Ella

NXO O. Compuesta Coord Copul NXO O. Compuesta Coord Copul

O. Compuesta

No me lo repitas, ya lo he oído.

S Adv CC neg SN CI SN CD NP | S Adv CC T SN CD NP

SV-SPV SO: Tú | SV-SPV SO: Yo

O. Compuesta Yuxt | O. Compuesta Yuxt

O. Compuesta

Tan pronto lo toman por tonto como lo eligen su representante.

SN CD NP SP C Pvo o C Rég | SN CD NP SN-C Pvo

SV-SPV SO: Ellos | SV-SPV

NXO P1 O. Compuesta Coord Dist NXO P2 O. Compuesta Coord Dist

O. Compuesta

Díselo claramente: lo contrario sería una imprudencia.

NP SN CI SN CD S Adv-CC M | Det N cóp SN-Atrib

SV-SPV SO: Tú | SN-Suj SV-SPN

O. Compuesta Yuxt | O. Compuesta Yuxt

O. Compuesta

Ha aprobado el examen con una nota pésima, o, mejor dicho, se lo han regalado.

NP | SN-CD | SP-CC M | SN CI | SN CD | NP

SV-SPV SO: Él | SV-SPV SO: Ellos

O. Compuesta Coord Exp | NXO | O. Compuesta Coord Exp

O. Compuesta

La cópula une sujeto y atributo, es decir, un verbo no puede ser copulativo e impersonal a la vez.

SN1 | NXO | SN2 | SAdj1 | NXO | SAdj2

Det | N | NP | SN-CD | Det | N | S Adv CC neg | cóp | S Adj-Atrib | S Adv-CC M

SN-Suj | SV-SPV | SN-Suj | SV-SPN

O. Compuesta Coord Exp | NXO | O. Compuesta Coord Exp

O. Compuesta

No me espero ni un minuto más: ya se ha hecho tarde.

S Adv CC neg | Dat ét | NP | S Adv CC neg | SN-CC Tpo | S Adv CC | NP imp | S Adv C Pvo

SV-SPV SO: Yo | SV-SPV

O. Compuesta Yuxt | O. Compuesta Yuxt

O. Compuesta

En *No solo se preocupaba por sus pacientes*, *por sus pacientes* puede ser considerado también CRég.

En *Tan pronto lo toman por tonto como lo eligen su representante*, *por tonto* puede ser considerado PVO basándonos en la concordancia con el CD. También puede ser considerado CRég basándonos en que se trata de un complemento argumental (imprescindible) cuya preposición viene exigida por el verbo.

3-

Se trata de un subterfugio, es decir, de una vulgar excusa.

SP1 | nexo explic | SP2

NP imp | SP-C Rég

SV-SPV

O. Simple

No vinieron cuatro, sino cinco.

S Adv CC neg | NP | SN1 | NXO adv | SN2

SV-SPV | SN-Suj

O. Simple

Lo venden, o montado o con el embalaje.

nexo | SAdj | nexo | SP

SN CD | NP | PVO

SV-SPV SO: Ellos

O. Simple

Saben de fútbol y de baloncesto.

SP1 | nexo cop | SP2

NP | SP-C Rég

SV-SPV

O. Simple SO: Ellas

¿Te quedas en el hotel o en la casa?

SP1 | nexo disy | SP2

NP pron | SP-CC L

SV-SPV

O. Simple SO: Tú

Trabaja rápido y con eficiencia.

SAdv | NXO cop | SP

NP | CCM

SV-SPV

O. Simple SO: Ella

Es sumergible, antichoque y de buena calidad.

SAdj SAdj NXO cop SP

cóp At

SV-SPN

O. Simple SO: Eso

Es hermoso, no (es) práctico.

cóp S Adj-Atrib S Adv CC neg cóp S Adj-Atrib

SV-SPN SO: Eso SV-SPN SO: Eso

O. Compuesta Yuxt O. Compuesta Yuxt

O. Compuesta

Es hermoso, no práctico.

SAdv CAdj N

SAdj1 SAdj2

cóp S Adj-Atrib

SV-SPN

O. Simple

Ven ni trajeado ni en pijama.

nexo cop SAdj nexo cop SP

NP PVO

SV-SPV

O. Simple SO: Tú

No se admiten cambios ni devoluciones.

S Adv CC neg NP pas ref SN1 NXO cop SN2

SV-SPV SN-Suj

O. Simple

¿Se lo has dicho a Manuel o a Carlos?

SP1 nexo disy SP2

SN CI dupl SN CD NP SP-CI dupl

SV-SPV

O. Simple SO: Tú

Me vale impreso o en un archivo informático, pero no escrito a mano.

SAdj nexo disy SP SAdv CAdj N SAdv CAdj

S1 nexo adv S2 SAdj

SN CI NP PVO

SV-SPV

O. Simple

4- En *Como tanta carne como pescado* tenemos un determinante *tanta* que sirve de anticipador de una comparativa. Para analizar escribiríamos *Como tanta carne como (como) pescado.* Hacemos el análisis como el de *Como más carne que pescado*, o como el de cualquier otra comparativa. En *Como tanto carne como pescado* no hablamos de cantidades, ni se compara nada: indicamos que como carne y también pescado. *Tanto... como* constituye, por tanto, un nexo copulativo discontinuo.

5- Tenemos dos hechos: *Llovió* y *Fuimos de excursión.* La dificultad es que llovió y el hecho que se cumplió, que fuimos de excursión. Recordamos que las concesivas son las proposiciones perdedoras y hacemos *Aunque llovió, fuimos de excursión.* Como las adversativas son las ganadoras podemos construir también *Llovió, pero fuimos de excursión.* La idea de la oración es la misma, pero la estructura es diferente: en la concesiva ponemos el nexo en la dificultad que no ha impedido el cumplimiento de la principal; en la adversativa en el suceso que finalmente ocurrió, a pesar de la dificultad planteada.

2.6 Proposiciones subordinadas adjetivas

1- a- *Encontraron una tumba en la cual nacía el río. No es adjetiva.
b- Nos enseñaron la **tumba** en la cual descubrieron la momia.
c- Son muchas las **decisiones** de las cuales se arrepiente.
d- *Son las decisiones de los cuales mandaban. No es adjetiva.
e- *La decisión de la cual nos quedáramos fue correcta. No es adjetiva.
f- La **decisión** de la cual presumes tanto no resultó beneficiosa.
g- Me contó esa **película**, la cual da mucho miedo.
h- *Cuéntame ya esa película, la cual nos vamos. No es adjetiva.
i- Me gusta la **idea** de la cual me hablaste.
j- *Me gusta la idea de la cual trabajemos juntos. No es adjetiva.

2- a- Es la **canción** de la que me cansé. Me cansé de la canción. De la que: SP CRég; la que: pron término.
b- Vi la **película** de cuya crítica me hablaste. Me hablaste de su crítica (de la crítica de la película). De cuya crítica: SP CRég; cuya: Det.
c- Son los **amigos** de quienes me siento más orgulloso. Me siento más orgulloso de esos amigos. De quienes: SP CAdj; quienes: pron término.
d- Hablaré con el **equipo** del que es entrenadora. Es entrenadora de ese equipo. Del que: SP CN; el que: pron término.
e- Me enseñó el **cuadro** del que se muestra más satisfecho. Se muestra más satisfecho de ese cuadro. Del que: SP CAdj; el que: pron término. La oración es ambigua y podría analizarse la subordinada como PSAdjSust si me enseñó el cuadro del pintor que se muestra más satisfecho.
f- Me presentó a la **vecina** con la que mantiene una relación. Mantiene una relación con la vecina. Con la que: CN o CCComp; la que: pron término.
g- Es el **camino** por donde lo encontré. Lo encontré por ese camino. Por donde: CCL; donde: adv término.
h- Enséñame las **películas** que se presentan a los Oscar. Las películas se presentan a los Oscar. Que: pron SNS.
i- Conozco al **escritor** sobre cuyas novelas hablaba el documental. El documental habla sobre sus novelas. Sobre cuyas novelas: CRég; cuyas: Det.
j- Las **elecciones** a las que se presentó no resultaron limpias. Se presentó a las elecciones. A las que: CRég; las que: pron término.

3-

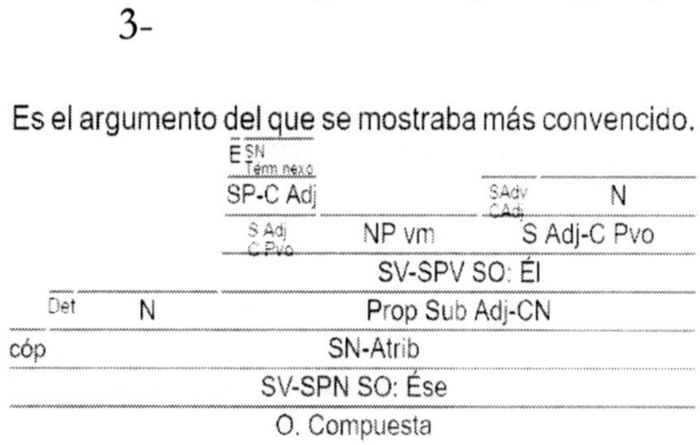

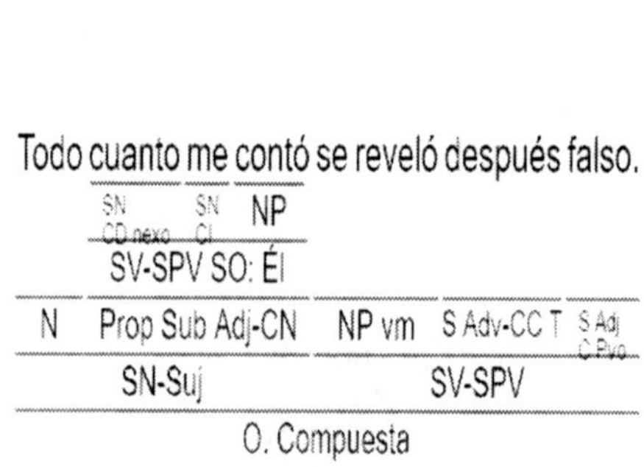

Se invitó al banquete al cónsul con quien se había pactado el acuerdo.

E SN Térm nexo
SP-C Rég NP pas ref Det N
SV-SPV SN-Suj
Det N Det N Prop Sub Adj-CN
E SN-Térm E SN-Térm
NP imp SP-C Rég SP-CD
SV-SPV
O. Compuesta

No tenía nada que comer.

SN CD nexo NP
SV-SPV SFVnp
N Prop Sub Adj-CN
S Adv CC neg NP SN-CD
SV-SPV SO: Ella
O. Compuesta

Aquel verano, cuando nos presentaron, éramos jóvenes e ingenuos.

S Adv CC T nexo SN CD NP
SV-SPV SO: Ellos
Det N Prop Sub Adj-CN SAdj1 Nexo cop SAdj2
SN-CC T cóp S Adj-Atrib
SV-SPN SO: Nosotros
O. Compuesta

Es el equipo del que Pedro es seguidor.

E SN Térm nexo
SP-CN N
SN-Atrib cóp SN-Atrib
SV-SPN SN-Suj SV-SPN
Det N Prop Sub Adj-CN
cóp SN-Atrib
SV-SPN SO: Ése
O. Compuesta

Publicaron un artículo sobre cuya originalidad tuvimos que investigar.

Det nexo N
E SN-Térm
SP-C Rég NP
SV-SPV SO: Nosotros
Det N Prop Sub Adj-CN
NP SN-CD
SV-SPV SO: Ellas
O. Compuesta

Tengo asuntos que arreglar.

SN CD NP
SV-SPV SFVnp
N Prop Sub Adj-CN
NP SN-CD
SV-SPV SO: Yo
O. Compuesta

Se habían escondido en el pajar que luego se derrumbó.

S Adv CC T NP vm
SN Suj nexo SV-SPV
Det N Prop Sub Adj-CN
E SN-Térm
PRef CD NP SP-CC L
SV-SPV SO: Ellos
O. Compuesta

El trabajo al que se optaba estaba muy bien pagado.

E SN Térm nexo
SP C Rég NP imp SAdv CAdv N
SV-SPV SAdv CAdj N
Det N Prop Sub Adj-CN cóp S Adj-Atrib
SN-Suj SV-SPN
O. Compuesta

Su sobrino, que se licenció en Sevilla, fue seleccionado para la audición.

NP pron SP-CC L
SN Suj nexo SV-SPV E SN-Térm
Det N Prop Sub Adj-CN NP SP-CC fin
SN-Suj SV-SPV
O. Compuesta

No figuran en el mapa los montes por donde bajan los ríos.

E S Adv Térm nexo
Det N SP-CC L NP Det N
E SN-Térm SV-SPV SN-Suj
S Adv CC neg NP SP-CC L Det N Prop Sub Adj-CN
SV-SPV SN-Suj
O. Compuesta

Animaban a los chicos de quienes Pedro es profesor.

E SN Térm nexo
SP-CN N
SN-Atrib cóp SN-Atrib
SV-SPN SN-Suj SV-SPN
Det N Prop Sub Adj-CN
E SN-Térm
NP SP-CD
SV-SPV SO: Ellos
O. Compuesta

La	manera	como	me	lo	contó	no	me	pareció	adecuada.
		S Adv CC M nexo	SN CI	SN CD	NP				
		SV-SPV SO: Ella							
Det	N	Prop Sub Adj-CN				S Adv CC neg	SN CI	cóp	S Adj-Atrib
SN-Suj						SV-SPN			
O. Compuesta									

4- a- El queso que te tomaste olía fatal.
b- Dime las preguntas que te faltan.
c- Me acuerdo del verano que pasamos en Irlanda.
d- Es la solución que más me gusta.
e- Se internó en el bosque donde vivían los elfos.
f- Fueron descubiertos por los exploradores que tomaron el segundo camino.

5- El terremoto que se preveía para el viernes no parecía peligroso.
b- Las pruebas a las que se presentó eran fáciles.
c- El amigo al que saludé trabaja aquí.
d- El coche al que limpié los cristales era rojo.
e- El collar que te compré te encantó.
g- Las atrocidades de las que se sentía responsable lo atormentaban.
h- La finca de la que es administradora está en Canillejas.
i- El castillo del que está tan cerca es el de Drácula.
j- Los guardias por quienes fue multado se comportaron de manera muy profesional.
k- El vecino del que es el perro negó los hechos.

6- Es difícil encontrar un *lo que* que introduzca una PSAdj porque el relativo debe concordar con su antecedente, que suele ser un nombre o un pronombre. Nombres y pronombres son masculinos o femeninos, pero no neutros, con lo cual el relativo siempre llevará marca de género. Para encontrar uno que no la lleve tenemos que imaginar un adjetivo sustantivado por *lo*, que son los que figuran en género neutro. Además, no podemos construir adjetivas especificativas con *el cual* y sus variantes a no ser que vayan precedidos de preposición. Siguiendo todas estas instrucciones, podríamos escribir: *Lo único de lo que me siento orgulloso es mi biblioteca.*

2.7 Proposiciones subordinadas sustantivas

1- a- No se ha averiguado aún una cosa. *Si.*
b- No es sustantiva, sino adverbial condicional.
c- No imagino una cosa. *Dónde.*
d- No hay sustantiva: *llegaron a facturar* forma perífrasis verbal. Tenemos una oración simple.
e- Se negó a una cosa. Carece de nexo.

f- Me asusta una cosa. *Lo que* introduce una PSAdjSust.
g- Investigaban una cosa. *Qué.*
h- Aléjate de unas personas. *Quienes.*
i- No es sustantiva, sino adverbial consecutiva intensiva.
j- No hay subordinada: *tiene que hacer* es una perífrasis verbal, así que tenemos una oración simple.
k- No es sustantiva, sino adverbial consecutiva intensiva.
l- Planeó una cosa. *Cómo.*

2- a- Quién: pronombre. Término del SP CI. CD.
b- Qué: determinante. Determinante dentro del CRég. CD.
c- Cuándo: adverbio. CCT. Sujeto.
d- Qué: determinante. Determinante dentro del CRég. CD.
e- Dónde: adverbio. Término del SP CCL. CD.
f- Cómo: adverbio. CCM. Sujeto.
g- Dónde: adverbio. CCL. Término del SP CRég.
h- Cómo: adverbio. PVO, puesto que la respuesta sería siempre un nombre; algunos profesores lo analizan como CCM. No introduce proposición: interrogativa directa.
i- Qué: determinante. Determinante dentro del SP CRég. CD.
j- Qué: pronombre. Término dentro del SP CCcausa. Sujeto.

3- a- Las que: pronombre. SNS. PSAdjSust CD.
b- Que: pronombre. SNS. PSAdj CN.
c- Quienes: pronombre. SNS. PSAdjSust término del SP CRég.
d- Quienes: pronombre. Término del SP CRég. PSAdj CN.
e- Quienes: pronombre. Sujeto. PSAdjSust término del SP CAg.
f- Los que: pronombre. Término del SP CRég. PSAdj CN.
g- Quienes: pronombre. SNS. PSAdjSust At.
h- Quien: pronombre. SNS. PSAdjSust sujeto.
i- Quienes: pronombre. SNS. Término del SP CAdv.
j- Quienes: pronombre. SNS. PSAdjSust término del CI.

4- En *Investigan a quién sustrajo el coche* investigan una cosa: la identidad de la persona a la que sustrajeron el coche. Tenemos una PSS. En *Investigan a quien sustrajo el coche* investigan a una persona: a la persona que robó el coche. Tenemos una PSAdjSust.

5- a- Nos ayudó mucho descubrir el emplazamiento. PSSS.
b- Se animó a buscar trabajo. PSS término del SP CRég.
c- Controlar la alimentación salvó su vida. PSSS.
d- Se conformó con quedarse con el negocio pequeño. PSS término del SP CRég.
e- Es muy difícil de aclarar. PSS término del SP CAdj.

f- Se despertaron al abrirse la puerta. No hay PSS. Se trata de una PSAdv Tpo.

g- Atrévete a arriesgarte. PSS término del SP CRég.

h- Es el principal responsable de haber terminado con el secuestro. PSS término del SP CAdj.

i- Después de cenar, se lo contamos todo. PSS término del SP CAdv. También puede interpretarse como PSAdv Tpo.

j- No sabía peinarse solo. PSS CD.

6- Analiza sintácticamente.

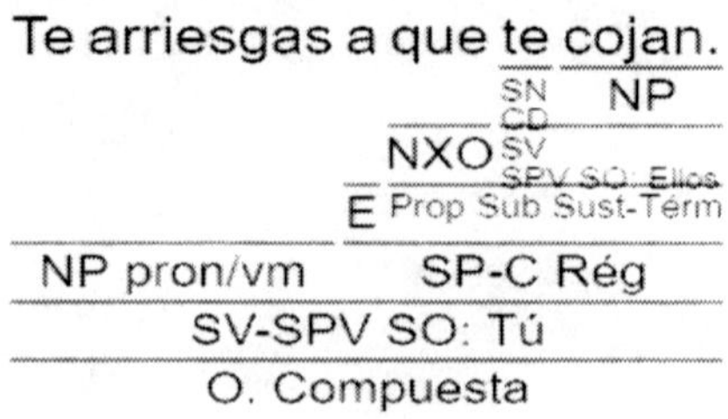

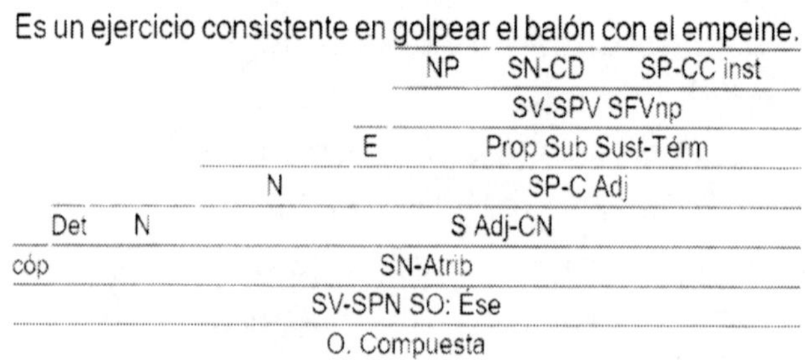

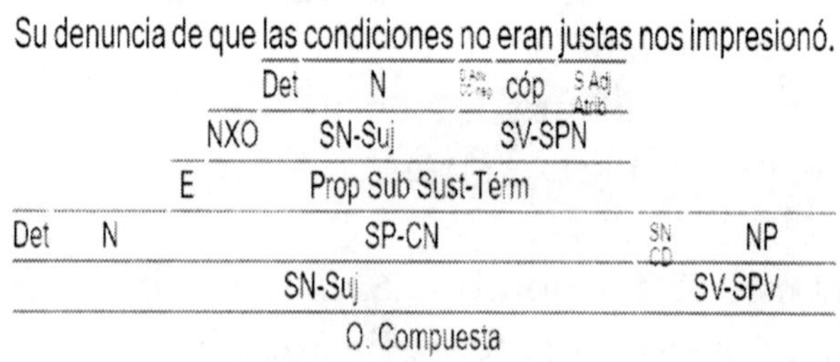

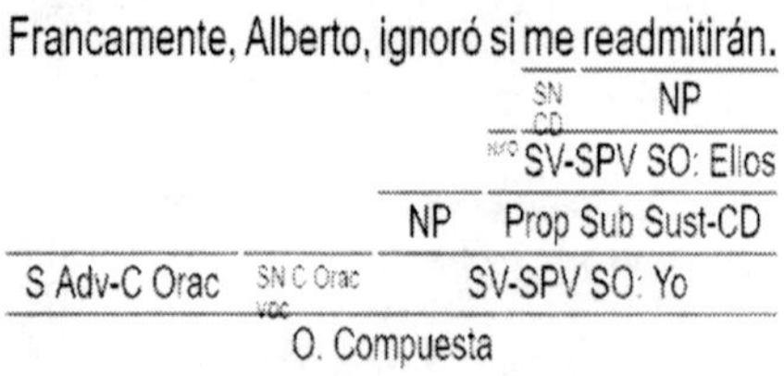

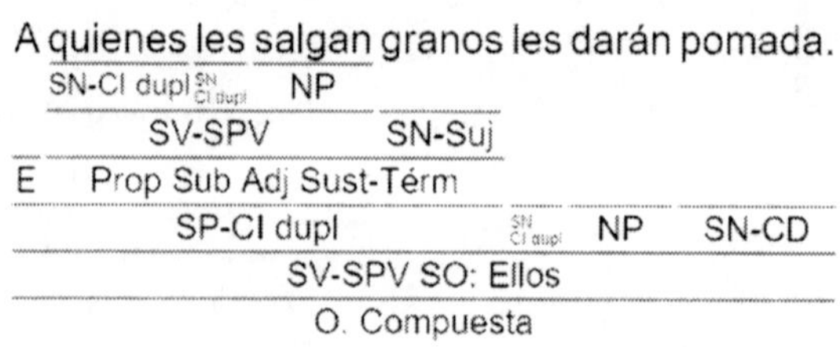

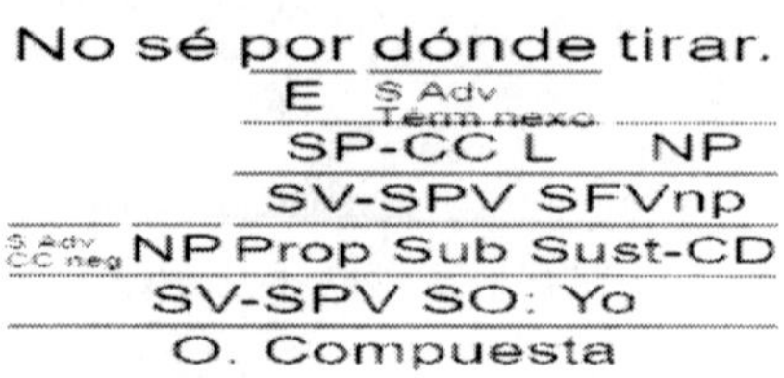

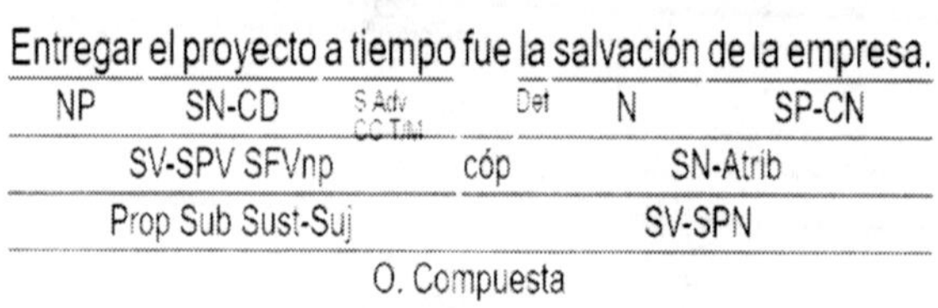

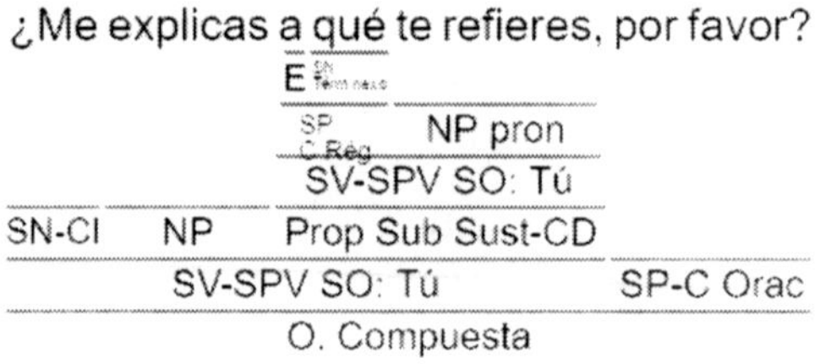

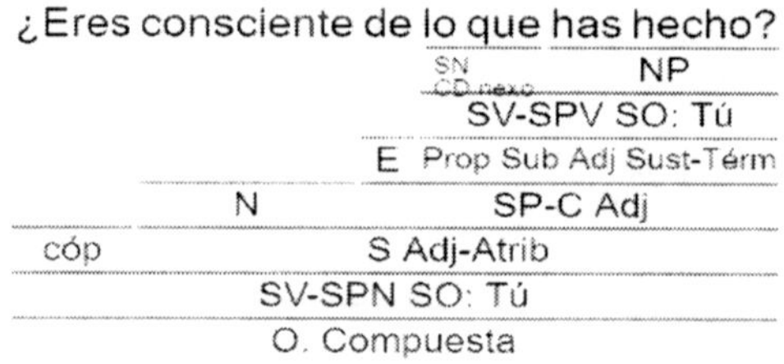

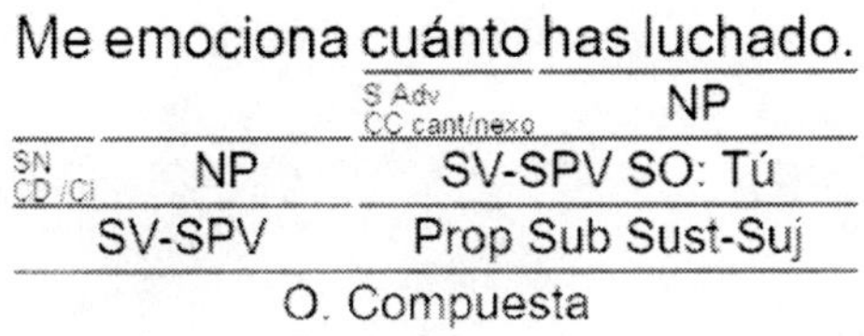

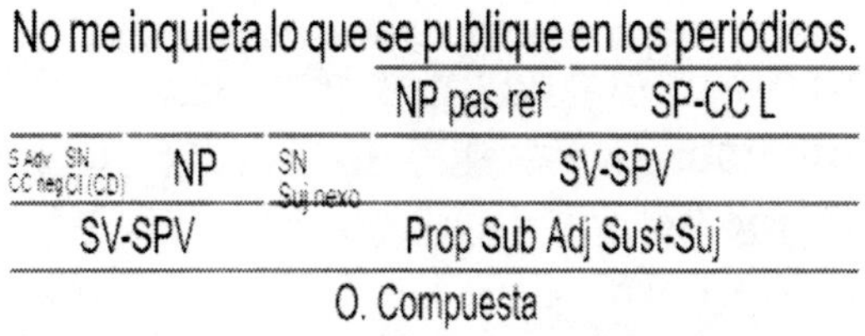

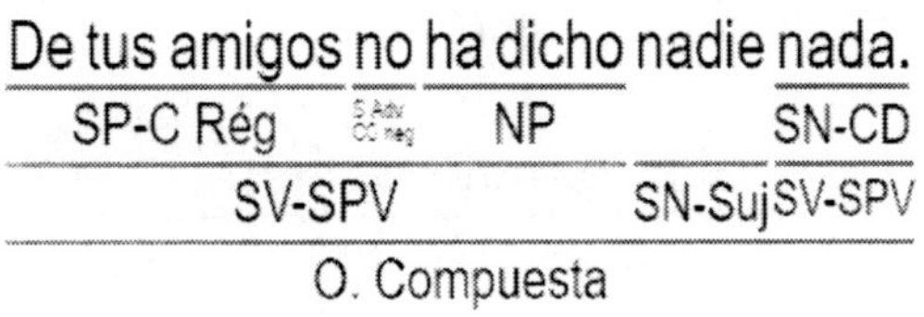

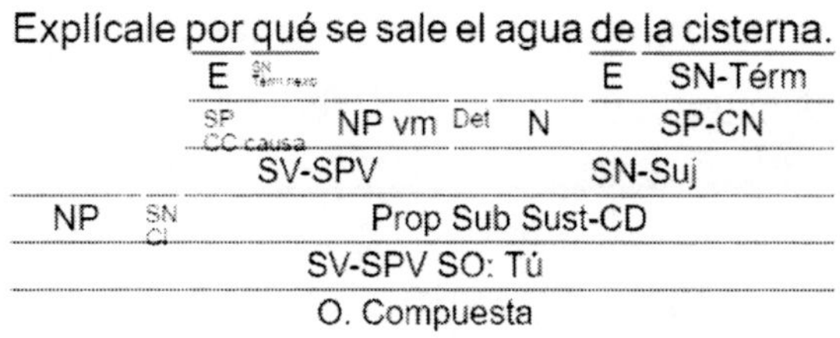

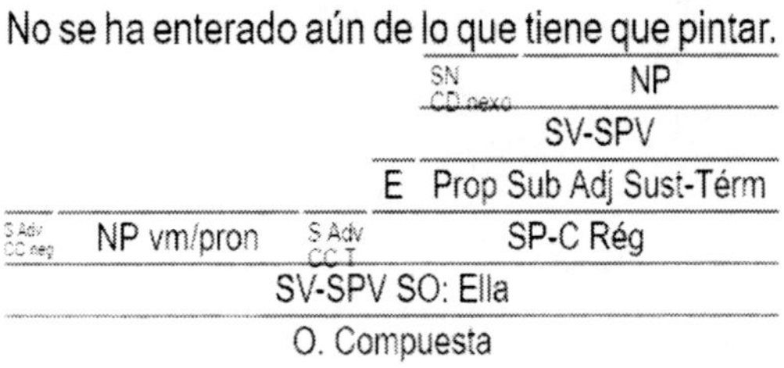

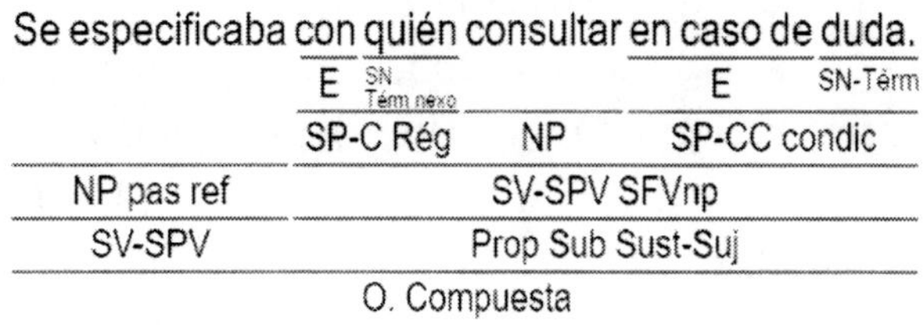

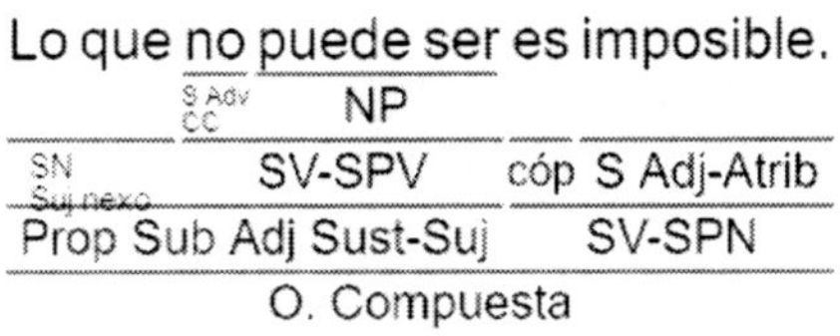

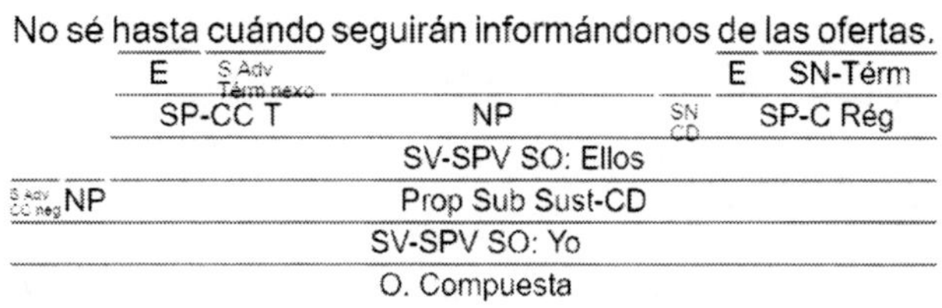

En *Explícale por qué se sale el agua de la cisterna*, *de la cisterna* puede ser también CCL. En *Lo que no puede ser es imposible* podemos entender que hay un uso predicativo de *puede ser* (*puede ocurrir, puede darse*), o que está omitido un adjetivo (*posible*) y el verbo es copulativo.

7- a- Sujeto: Me anima lo que me cuentas.
b- CD: Me explicó qué había ocurrido.
c- Término de un CAdj: Está contento de verte.
d- Término de un CI: Venda las heridas a quienes te digan.
e- Término de un CN: La convicción de que era su momento lo animaba.
f- Término de un CAdv: Estuvo muy cerca de que lo premiaran.
g- Término de un CAg: Fueron educados por quienes los habían adoptado.
h- Término de un CD: Eligió a quienes lo acompañarían en su aventura.
i- Atrib: Mi empresa es lo que siempre soñé.
j- Término de un CC: Se escapó con quienes lo sobornaron.
k- Término de un CRég: Se escondió de quienes lo perseguían.

2.8 Proposiciones subordinadas adverbiales

1- a- Espérame donde siempre quedamos. PSAdvL, CCL.
b- Espérame en el bar donde quedamos siempre. PSAdj CN.
c- No sé dónde hemos quedado. PSS CD.
d- Aunque siempre pagara él lo seguirían llamando tacaño. PSAdvConces. CCconces.
e- Lo seguían llamando tacaño, pero siempre pagaba él. No hay subordinación: tenemos dos proposiciones coordinadas adversativas.
f- Acelera, que llegamos tarde. PSAdv causal. CC causa.
g- Es como cuando nadie habla en clase. PSAdv modal-temporal. Atributo.
h- Hizo tanto ejercicio que se quedó dormido en clase. PSAdv consec intensiva. Complemento del intensificador *tanto*.
i- Hacer tanto ejercicio no puede ser bueno. PSS. Sujeto.
j- Se puso a ayudar de inmediato. No hay subordinación: *se puso a ayudar* es una perífrasis aspectual incoativa con *se* pronominal.
k- Se atrevió a ayudar de inmediato. PSS. Término del CRég.
l- Regresó a ayudar de inmediato. Si consideramos la proposición a ayudar, PSAdv final, CC fin. Si consideramos la proposición ayudar, PSS, término del CCFin.
m- Como me toque la lotería me compro ese abrigo. PSAdv condic. CCCondic.
n- Como me tocó la lotería me compré ese abrigo. PSAdv causal. CCCausa.
ñ- Es tan difícil como batir un récord. PSAdvComp. Complemento del intensificador *tan*.
o- Corriendo así, acabarás siendo olímpico. PSAdvM, o Condic, o Causa. CCM, CCCondic o CCCausa.
p- Llegó corriendo. PSAdvM. CCM o PVO.
q- Para ser coreano, toca flamenco como Camarón. La primera es PSAdvConces y CCConces. La segunda es PSAdv de modo o comparativa. Si la consideramos comparativa es complemento de un intensificador omitido (***tan*** *bien como Camarón*); si la consideramos modal es CCM.
r- Formuladas las preguntas, comenzaron a responderlas por orden. PSAdvT. CCT.

2- En realidad tenemos las dos. La prueba de que tenemos una PSS es que podemos sustituir por *Es tan difícil como el éxito*. Por otro lado, *que te toque la lotería* está complementando a *tan* como PSAdv comparativa. ¿Cómo las analizamos en la práctica? Te recomiendo que partas de *Es tan difícil como es difícil que te toque la lotería*.

Es tan difícil como (es difícil) que te toque la lotería.
NXO SV-SPN Prop Sub Sust-Suj
SAdv CAdj N Prop Sub Adv Comp -C del Cuant
cóp S Adj-Atrib
SV-SPN SO: Eso
O. Compuesta

3- -Respuesta libre.

4-

Lázaro se marchó de la sala creyéndose en posesión de la verdad.

E | SN-Térm
NP | PRef CI | SP-C Pvo
E | SN-Térm | SV-SPV
NP pron | SP-CC | Prop Sub Adv Modo -CC Modo o PVO
SN-Suj | SV-SPV
O. Compuesta

Aun poniéndome en lo peor, no me asusta esa caminata.

S Adv CC | NP pron
SV-SPV SFVnp
Prop Sub Adv Conc -CC | S Adv CC neg | SN CD o CI | NP | Det | N
SV-SPV | SN-Suj
O. Compuesta

Como se acordaba de todas las calles, se podía pasar sin GPS.

NP vm | SP-C Rég
NXO | SV-SPV SO: Ella | E | SN-Térm
Prop Sub Adv Caus -CC Caus | NP pron | SP-CC M
SV-SPV SO: Ella
O. Compuesta

Me he acostumbrado a quedarme con los perros del vecino.

NP pron | SP-C Rég
SV-SPV SFVnp
E | Prop Sub Sust-Térm
NP vm | SP-C Rég
SV-SPV SO: Yo
O. Compuesta

Jacinto, anticipándose a los acontecimientos, sacó su dinero del banco.

NP pron | SP-CI | Det | N
SV-SPV SFVnp | Det | N | E | SN-Térm
Prop Sub Adv Caus -CC Caus o PVO | NP | SN-CD | SP-CC L
SN-Suj | SV-SPV
O. Compuesta

Aunque no se lo manifestaran en la reunión, se sentían decepcionados por su gestión.

S Adv CC neg | SN CI | SN CD | NP | SP-CC T o L
NXO | SV-SPV SO: Ellos | N | SP-C Adj
Prop Sub Adv Conc -CC | NP vm | S Adj-C Pvo
SV-SPV SO: Ellos
O. Compuesta

Se consideran más seguros cuando están encerrados en su jaula.

N | SP-C Adj
cóp | S Adj-Atrib
SAdv CAdj | N | NXO | SV-SPN SO: Ellos
PRef CD | NP | S Adj-C Pvo | Prop Sub Adv T -CC T
SV-SPV SO: Ellos
O. Compuesta

Apenas se dio cuenta de la amenaza se puso a llamar a la policía.

NP vm | SP-C Rég | Det | N

NXO | SV-SPV SO: Él | E | SN-Térm

Prop Sub Adv T -CC T | NP pron | SP-CD

SV-SPV SO: Él

O. Compuesta

Aunque se explicaran las cuentas a los inquilinos no se mostrarían satisfechos con ellas.

NP pas ref | Det | N | SP-CI | E | SN-Térm

NXO | SV-SPV | SN-Suj | SV-SPV | N | SP-C Adj

Prop Sub Adv Conc -CC | S Adv CC Neg | NP vm/pron | S Adj-C Pvo

SV-SPV SO: Ellos

O. Compuesta

Tras levantarse la niebla nos apartamos del camino.

NP vm | Det | N

NXO | SV-SPV | SFV np | E | SN-Térm

Prop Sub Adv T -CC T | PRef CD | NP | SP-CC L

SV-SPV SO: Nosotros

O. Compuesta

Vino desde muy lejos a llevarse la máquina rota.

SAdv CAdv | N | NP | PRef CI | SN-CD

E | S Adv-Térm | NXO | SV-SPV SFVnp

NP | SP-CC L | Prop Sub Adv Fin -CC Fin

SV-SPV SO: Ella

O. Compuesta

Una vez acatada la Constitución, el presidente se dirigió a los periodistas.

NXO | SV-SPV | SN-Suj | E | SN-Térm

Prop Sub Adv T -CC T | Det | N | NP pron | SP-CI

SV-SPV | SN-Suj | SV-SPV

O. Compuesta

Dejamos la ropa secándose al sol.

NP vm | SP CC M/L

Det | N | SV-SPV SFVnp

NP | SN-CD | Prop Sub Adv Modo CC Modo/L o PVO

SV-SPV SO: Nosotros

O. Compuesta

A menos que lo definas mejor, parece difícil el concepto.

SN CD | NP | S Adv CC M

NXO | SV-SPV SO: Tú

Prop Sub Adv Cond -CC | cóp | S Adj Atrib | Det | N

SV-SPN | SN-Suj

O. Compuesta

Al entrar sin billete al autobús ya conocías los riesgos.

NP | SP-CC M | SP-CC L

NXO | SV-SPV SFVnp | Det | N

Prop Sub Adv T -CC T | S Adv CC T | NP | SN-CD

SV-SPV SO: Tú

O. Compuesta

Tanto me dio la lata que al final se lo permití.

S Adv CC T | SN CI | SN CD | NP

NXO | SV-SPV SO: Yo

N | Prop Sub Adv Consec C del Cuant Consec

S Adv CC cant | SN CI | NP | S Adv-CC cant

SV-SPV SO: Él

O. Compuesta

Se averió el motor, de modo que nos paramos en el arcén.

PRef CD · NP · SP-CC L

NXO · SV-SPV SO: Nosotros

NP vm · Det · N · Prop Sub Adv Consec -CC Consec

SV-SPV · SN-Suj · SV-SPV

O. Compuesta

Parece más esbelto que el de delante.

Det · SP-CN

NXO · SN-Suj N omit

Cuant SAdvCAdj · N · Prop Sub Adv Comp C del Cuant

cóp · S Adj-Atrib

SV-SPN SO: Él

O. Compuesta

Todo sucedió tal y como te dije.

SN CI · NP

NXO · SV SPV SO: Yo

NP · Prop Sub Adv Modo CC Modo

SN-Suj · SV-SPV

O. Compuesta

Te lo digo por si no se te había ocurrido.

S Adv CC neg · NP vm · SN CI · NP vm

NXO · SV-SPV SO: Eso

SN CI · SN CD · NP · Prop Sub Adv Caus -CC Caus -condic

SV-SPV SO: Yo

O. Compuesta

Me resultó tan sencillo como a ti.

SP-CI

NXO · SV SPV

Cuant SAdvCadj · N · Prop Sub Adv Comp C del Cuant

SN CI · NP · S Adj-C Pvo

SV-SPV SO: Eso

O. Compuesta

No por insistir más te van a tener en cuenta.

NP · S Adv CC cant

NXO SV-SPV SFVnp

S Adv CC neg · Prop Sub Adv Caus CC Caus -conces · SN CD · NP

SV-SPV SO: Ellos

O. Compuesta

Tanto calor tenía que se quitó hasta los pantalones.

PRef CI · NP · S Adv CC · SN-CD

NXO · SV-SPV SO: Él

Cuant · N · Prop Sub Adv Consec -C del Cuant Consec

SN-CD · NP · SN-CD

SV-SPV SO: Él

O. Compuesta

No se administra tan bien como su hermana.

NXO · SN-Suj

Cuant · N · Prop Sub Adv Comp C del Cuant

S Adv CC neg · PRef CD · NP · S Adv-CC M

SV-SPV SO: Ella

O. Compuesta

Estando yo en Sevilla se produjeron los arrestos.

NP · SP-CC

SV-SPV · SFVnp · SV-SPV

Prop Sub Adv T -CC T · NP vm · Det · N

SV-SPV · SN-Suj

O. Compuesta

Presume de coche más que de buena persona.

SP-C Rég

NXO SV-SPV SO: Él; NP: Presume

E · SN-Term · N · Prop Sub Adv Comp -C del Cuant

NP · SP-C Rég · S Adv-CC cant

SV-SPV SO: Ella

O. Compuesta

En *Al entrar sin billete al autobús…*, *sin billete* es, en realidad, PVO, puesto que hay predicación secundaria: él entró en el autobús y él estaba sin billete. Figura como CCM porque es la forma más habitual de análisis en Secundaria. En oraciones como *Él presume* *de buena persona* algunos analizan como CRég y otros como PVO.

5- El problema de esta oración es *como tú*. Puedes recurrir a buscar elementos omitidos y analizar *Los chicos (que son) como tú (eres) no suelen mostrarse tan decididos.* Se trata de una PSAdv modal CN (o comparativa: lee la explicación del siguiente ejercicio).

6- Si entendemos que se nos dice la forma que tiene de tocar tenemos una PSAdv modal. Si entendemos que la oración encierra un elogio, porque se nos dice que toca tan bien como Camarón, entonces podemos analizarla como comparativa. En principio, siempre optamos por lo fácil, así que, si no hay un intensificador como *más*, *tanto* o *menos* es preferible analizar como modal.

7- Tenemos dos ideas relacionadas entre sí: una dificultad previa (me dolía) y la acción que finalmente se impone a esta dificultad (salí a la calle). En la primera pongo el nexo en la dificultad que no pudo evitar la acción, en la proposición perdedora: significado concesivo. En la segunda pongo el nexo en la acción que se cumplió a pesar de la dificultad, en la proposición ganadora: matiz adversativo.

8- Se trata de una subordinada adverbial que presenta a la vez carácter causal y condicional. No es causal del todo porque no se ha ido la luz; lo es condicional del todo porque te doy la linterna incluso si no se va la luz. Es la suma de ambas.

9- Los dos análisis son correctos. El que decida analizar como PSS tendrá que sacarla de un SP CCFin: *para* será el enlace y, dentro de la proposición, que hace de término, *que* hará de nexo. El que decida analizar como PSAdv final tendrá que decir que el nexo es *para que.*

10- En la primera la persona trabaja realmente como camarero o de camarero: tenemos un SP PVO (*como* está funcionando como preposición en este caso). En la segunda se nos dice cómo trabaja la persona, pero no que trabaje haciendo de esclavo (no es, realmente, un esclavo): tenemos una PSAdvM, o comparativa.

11- Ambas son correctas y ambas son proposiciones de CD. *Como* sustituye a un *que* (algo poco habitual, que no suelen explicar los libros de texto): lo que *Ya verás como viene vestida* significa es *Ya verás que viene vestida. Como* funciona como conjunción. En la segunda, sin embargo, introducimos además una idea modal: lo que verás no es que viene vestida, sino de qué manera. *Cómo* es un adverbio interrogativo CCM.

2.9 Oraciones con más de dos proposiciones. Oraciones de PAU.

Especialmente efectivos para estimular la criminalidad son los mensajes que refuerzan los estereotipos negativos.

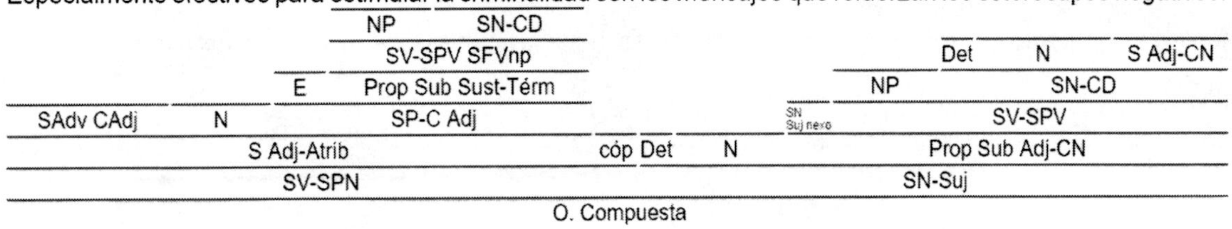

El estruendo del arma lo despertaba, pero siempre era un sueño y en otro sueño el ataque se repetía y en otro sueño tenía que volver a matarlos.

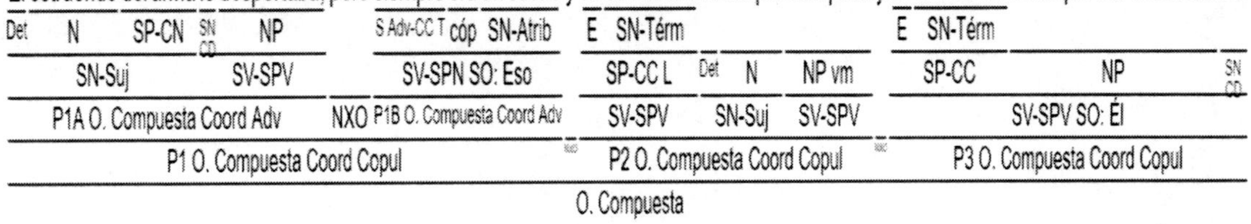

En medio de este Olimpo cosmético y envasado me afeito contemplando mi rostro en un espejo muy amigo que se porta bien conmigo.

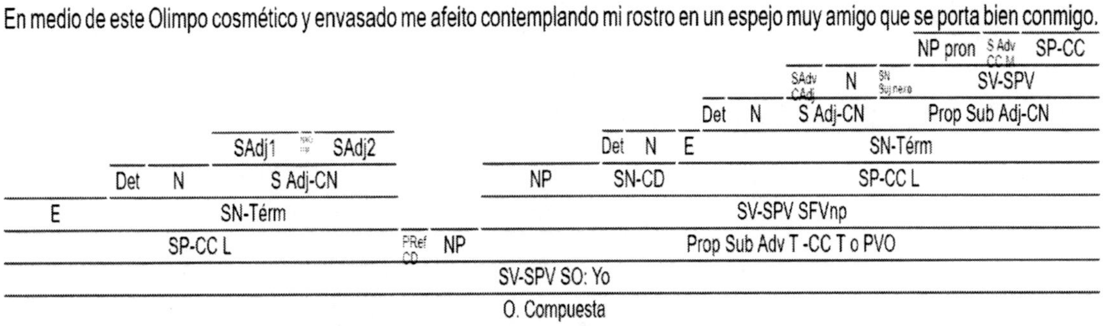

Voy a verle es una PSAdvFin. Nexo, *a*. SFVnp y PV. Dentro, NV y SN CD

Cuando tras dar mil vueltas a mis preocupaciones, me acuerdo de un amigo, voy a verle.

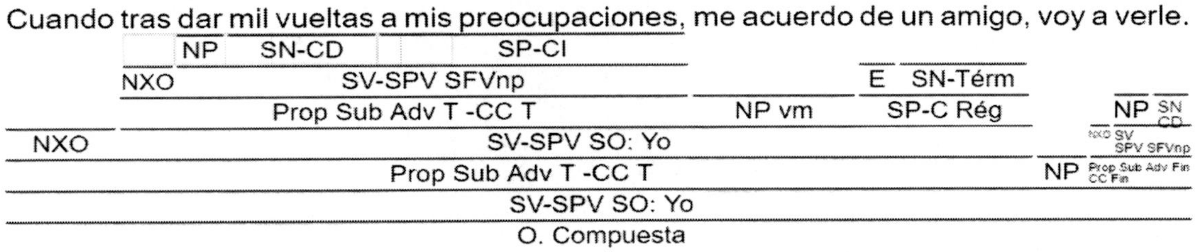

Un segundo grupo de palabras que por su origen se escriben con b es el de aquellas que en latín tenían p intervocálica.

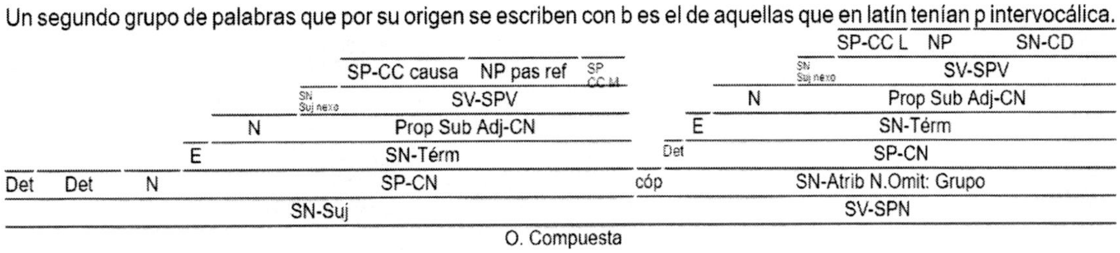

Y al oír sus gritos, los que entretenían la espera a alguna distancia echaron a correr desalados hacia los postes más próximos.

NP SN-CD
NXO SV-SPV SFVnp — NP SN-CD SP-CC L — E SN-Térm
Prop Sub Adv T -CC T — SN Suj nexo — SV-SPV — NP — S Adj-C Pvo — SP-CC
Con — SV-SPV — Prop Sub Adj Sust-Suj — SV-SPV
O. Compuesta

En el acuerdo se asegura también que se mantendrán determinados servicios gratuitos, aunque serán de carácter promocional.

cóp — SP-Atrib
E SN-Térm — NP pas ref — Det — N — S Adj-CN — NXO — SV-SPN
SP-CC — NP pas ref — S Adv-CC af — NXO — SV-SPV — SN-Suj — Prop Sub Adv Conc -CC SO: Éstos 1
SV-SPV — Prop Sub Sust-Suj — SV-SPN
O. Compuesta

Puede analizarse la proposición de *aunque* como coordinada adversativa. Si optamos por nuestro análisis, incluimos una aclaración: *Analizo siguiendo la línea de Alarcos, que considera concesivas todas las proposiciones introducidas por* ***aunque***.

Había estado en la muerte, en efecto, pero había regresado porque no pudo soportar la soledad.

S Adv CC neg — NP — SN-CD
NXO — SV-SPV SO: Él
NP — SP-CC L — S Adv-CC af — NP — Prop Sub Adv Caus -CC Caus
SV-SPV SO: Él — SV-SPV SO: Él
P1 O. Compuesta Coord Adv — NXO — P2 O. Compuesta Coord Adv
O. Compuesta

Puede afirmarse que una de las aportaciones fundamentales de la lingüística actual es haber puesto de manifiesto que no existen lenguas primitivas.

Det — N — S Adj-CN — SP-CN — S Adv CC neg — NP — N — S Adj-CN
E — SN-Térm — NXO — SV-SPV — SN-Suj
N — SP-CN — NP — Prop Sub Sust-CD
SN-Atrib — cóp — SV-SPV SFVnp
NP pas ref — NXO — SV-SPN — Prop Sub Sust-Suj
SV-SPV — Prop Sub Sust-Suj
O. Compuesta

Ahora se enterará de que las telas no sólo sirven para hacer flores, sino para empapar lágrimas.

NP SN-CD — NP SN-CD
NXO SV-SPV SFVnp — NXO SV-SPV SFVnp
NXO — P1 O. Compuesta Coord Copul — NXO P2 O. Compuesta Coord Copul
Det — N — S Adv CC Neg — NP — Prop Sub Adv Fin -CC Fin
NXO SN-Suj — SV-SPV
E — Prop Sub Sust-Térm
S Adv CC T — NP vm — SP-C Rég
SV-SPV SO: Ella
O. Compuesta

Esa sociología del exilio debería considerar los problemas que la diáspora ha generado y genera en el ámbito familiar.

SN CD nexo — Det — N — NP 1 — NXO — NP 2 — SP-CC L
SV SPV — SN-Suj — SV-SPV
Det — N — Prop Sub Adj-CN
Det — N — SP-CN — NP — SN-CD
SN-Suj — SV-SPV
O. Compuesta

Al quejarse don Pedro del cuidado que le proporcionaba el manejo de la casa, sus hijos le dijeron que lo dejara en manos de Margarita.

SN CD nexo SN CI NP Det N SP-CN
SV-SPV SN-Suj
Det N Prop Sub Adj-CN
E SN-Térm E SN-Térm
NP pron SP-C Rég SN CD NP SP-CC M
NXO SV-SPV SFVnp SV-SPV NXO SV-SPV SO: Él
Prop Sub Adv T -CC T Det N SN CI NP Prop Sub Sust-CD
SV-SPV SN-Suj SV-SPV
O. Compuesta

La falta del nombre único ha hecho más difícil la comprensión del hecho y ha aumentado la dificultad de entenderlo cabalmente.

NP SN CD S Adv-CC M
Det N SV-SPV SFVnp
Det N S Adj CN E SN-Térm E Prop Sub Sust-Térm
E SN-Térm SAdv CAdj N Det N SP-CN Det N SP-CN
Det N SP-CN NP S Adj-C Pvo SN-CD NP SN-CD
SN-Suj SV-SPV SV-SPV SO: Ésta
P1 O. Compuesta Coord Copul NXO P2 O. Compuesta Coord Copul
O. Compuesta

Vuelvo a la vida con la muerte al hombro, abominando cuanto he escrito.

Det N SN CD nexo NP
E SN-Térm SV-SPV SO: Yo
Det N Det N SP-CN NP Prop Sub Adj Sust-CD
E SN-Térm E SN-Térm SV-SPV SFVnp
NP SP-CC L SP-CC M Prop Sub Adv Modo -CC Modo
SV-SPV SO: Yo
O. Compuesta

La PSAdvM puede entenderse como CCM o como PVO.

Ayer mismo éramos tú y yo dos críos que veníamos a fumar aquí, a escondidas, los primeros pitillos.

Det Det N
NP S Adv CC L S Adv-CC M SN-CD
NXO SV-SPV SFVnp
NP Prop Sub Adv Fin -CC Fin
SN Suj nexo SV-SPV
Det N Prop Sub Adj-CN
S Adv-CC cóp SN1 NXO SN2 SN-Atrib
SV-SPN SN-Suj SV-SPN
O. Compuesta

Una idea entera se cambia porque una palabra se trasladó de sitio, o porque otra se sentó como una reinita adentro de una frase que no la esperaba.

S Adv CC Neg SN CD NP
SN Suj nexo SV-SPV
Det N Prop Sub Adj-CN
Det N E SN-Térm
NXO SN-Suj N SP-C Adv
Det N PRef CD NP SP-C Rég PRef CD NP Prop Sub Adv Modo CC Modo S Adv-CC
NXO SN-Suj SV-SPV NXO SN Suj SV-SPV
P1 O. Compuesta Coord Disy NXO P2 O. Compuesta Coord Disy
Det N S Adj-CN NP pas ref Prop Sub Adv Caus -CC Caus
SN-Suj SV-SPV
O. Compuesta

Es evidente que la capacidad económica proporciona unos medios para la actividad deportiva pero no ofrece garantías totales de éxito

Det N SP-CN N S Adj-CN SP-CN
Det N S Adj-CN NP SN-CD S Adv CC Neg NP SN-CD
NXO SN-Suj SV-SPV SV-SPV SO: Ella
cóp S Adj-Atrib P1 O. Compuesta Coord Adv NXO P2 O. Compuesta Coord Adv
SV-SPN Prop Sub Sust-Suj
O. Compuesta

Un simio es totalmente incapaz de construir instrumentos valiéndose de otros instrumentos, es incapaz de acceder a una actividad instrumental.

NP pron SP-C Rég | Det N S Adj-CN

SV-SPV SFVnp | E SN-Térm

NP SN-CD Prop Sub Adv Modo -CC Modo | NP SP-C Rég

SV-SPV SFVnp | SV-SPV SFVnp

E Prop Sub Sust-Térm | E Prop Sub Sust-Térm

SAdv CAdj N SP-C Adj | N SP-C Adj

Det N cóp S Adj-Atrib | cóp S Adj-Atrib

SN-Suj SV-SPN | SV-SPN SO: Un simio

P1 O. Compuesta Yuxt | P2 O. Compuesta Yuxt

O. Compuesta

Porque en noches como ésta la tuve entre mis brazos, mi alma no se contenta con haberla perdido.

nexo SNS

N PSAdvM CN | Det N

E SN-Térm | E SN-Térm | NP SN CD NP

SP-CC T SN CD NP SP-CC M | SV-SPV SFVnp

NXO SV-SPV SO: Yo | E Prop Sub Sust-Térm

Prop Sub Adv Caus -CC Caus | Det N S Adv CC neg NP vm/pron SP-C Rég

SV-SPV | SN-Suj SV-SPV

O. Compuesta

El lenguaje no es una función natural y biológica del hombre sino una creación cultural que heredamos y aprendemos los hombres.

SN CD nexo NP

SPV 1 nexo SPV 2 Det N

N nexo N E SN-T | SPV SNS

Det N SAdj CN SP CN | Det N SAdj CN PSAdj CN

SN1 NXO Adv SN2

Det N S Adv CC neg cóp SN-Atrib

SN-Suj SV-SPN

O. Compuesta

Puede parecer imposible que en cada esquina de la actualidad se encuentre un centinela videoaficionado, pero es así.

SP-CC L NP vm Det N S Adj-CN

cóp S Adj-Atrib NXO SV-SPV SN-Suj | cóp SAdv At

SV-SPN Prop Sub Sust-Suj | SPN SO: Eso

P1 O. Compuesta Coord Adv | NXO P2

O. Compuesta

Se inclina para besarla y da un golpe con el pie a la lechera, que se derrama estrepitosamente.

NP vm S Adv-CC M

SN Suj nexo SV-SPV

NP SN CD | Det N Prop Sub Adj-CN

NXO SV SPV SFVnp | E SN-Térm

PRef CD NP Prop Sub Adv Fin CC Fin | NP SN-CD SP-CC inst SP-CI

SV-SPV SO: Él | SV-SPV SO: Él

P1 O. Compuesta Coord Copul NXO P2 O. Compuesta Coord Copul

O. Compuesta

Los que cocinamos los medios sabemos que estos personajes son monstruos atípicos, pero los telespectadores creen en ellos cada vez más.

N S Adj-CN

Det N | Det N cóp SN-Atrib

NP SN-CD | NXO SN-Suj SV-SPN | E SN Térm SAdv CAdj N

SN-Suj nexo SV-SPV NP Prop Sub Sust-CD | Det N NP SP-C Rég S Adv-CC cant

Prop Sub Adj Sust-Suj SV-SPV | SN-Suj SV-SPV

P1 O. Compuesta Coord Adv | NXO P2 O. Compuesta Coord Adv

O. Compuesta

Había aprendido a no hacerse preguntas, a aceptar que la derrota se cuela en lo hondo.

Det N NP vm SP CCL

nexo SNS SPV

SAdv CCNeg NP PRef CI SN CD | NP PSS CD

SPV SFVnp | SPV SFVnp

E PSS-T | E PSS-T

SP1 | SP2

NP | SP-C Rég

SV-SPV SO: Él

O. Compuesta

No olvidemos la concepción homogeneizante que se intentó establecer en la construcción del Estado-nación en América Latina.

Det N SP-CN

E SN-Térm

Det N SP-CN

E SN-Térm

SN CD nexo | NP | SP-CC L

SV SPV SFVnp | NP pas ref | SV-SPV SFVnp

Prop Sub Sust Suj | SV-SPV | Prop Sub Sust-Suj

Det N S Adj-CN | Prop Sub Adj-CN

S Adv CC neg | NP | SN-CD

SV-SPV SO: Nosotros

O. Compuesta

Que se intentó… Que es el núcleo del SN CD/nexo que introduce la PSAdj.

El padre de Ena, que había venido a Barcelona por unos días, a la mañana siguiente me vendría a recoger para que le acompañara en su viaje.

SN CD NP SP-CC T

E SN-Térm E SN-Térm | NXO SV-SPV SO: Yo

NP SP-CC L SP-CC T | Det N S Adj-CN SN CD | NP Prop Sub Adv Fin -CC Fin

E SN Térm SN Suj nexo SV-SPV | E SN-Térm SV SPV SFVnp | NXO SV-SPV

Det N SP-CN Prop Sub Adj-CN | SP-CC T Prop Sub Adv Fin CC Fin NP Prop Sub Adv Fin -CC Fin

SN-Suj | SV-SPV

O. Compuesta

Los hábitos o necesidades de los individuos no determinan en qué dirección se producirán las mutaciones.

Det nexo N

E SN-Térm

Det N | SP-CC M NP vm Det N

E SN-Térm | SV-SPV SN-Suj

Det N NXO N SP-CN S Adv CC neg NP Prop Sub Sust-CD

SN-Suj | SV-SPV

O. Compuesta

Si usted lo ignora, señor don Diego, no finja que lo sabe.

SN CD NP | SN CD NP

NXO SN-Suj SV-SPV | NXO SV SPV SO: Usted

Prop Sub Adv Cond -CC | N SN apos | S Adv CC neg NP Prop Sub Sust-CD

SV-SPV SO: Usted | SN C orac Vocat | SV-SPV SO: Usted

O. Compuesta

Cuando me veía leer El Quijote me preguntaba si entendía lo que estaba leyendo.

NP SN-CD | SN CD nexo NP

SV-SPV SFVnp | SV-SPV SO: Yo

SN CD NP Prop Sub Sust-C Pvo | NP Prop Sub Adj Sust-CD

NXO SV-SPV SO: Él | NXO SV-SPV SO: Yo

Prop Sub Adv T -CC T | SN CI NP | Prop Sub Sust-CD

SV-SPV SO: Él

O. Compuesta

Lepprince era listo y hábil: pronto se granjeó la confianza de Savolta, cuya salud se deterioraba a pasos agigantados.

Det nexo N NP vm S Adv-CC M

SN-Suj SV-SPV

N Prop Sub Adj-CN

E SN-Térm

SAdj1 nexo SAdj2 Det N SP-CN

cóp S Adj-Atrib S Adv CC T NP pron SN-CD

SN-Suj SV-SPN SV-SPV SO: Él

P1 O. Compuesta Yuxt P2 O. Compuesta Yuxt

O. Compuesta

Los periódicos nada dicen de los millones de hombres que en todos los países del globo van a sus campos a proseguir la labor cotidiana.

NP SN-CD

Nexo SV-SPV SFVnp

SP-CC L NP SP-CC L Prop Sub Adv Fin -CC Fin

E SN-Térm SN Suj nexo SV-SPV

Det N SP-CN Prop Sub Adj-CN

E SN-Térm

Det N SN-CD NP SP-C Rég

SN-Suj SV-SPV

O. Compuesta

Un día se le ocurrió a la madre que los retratara yo a los tres, para mandar el retrato a sus parientes de Inglaterra.

NP SN-CD SP-CI

Det N E SN-Térm NXO SV-SPV SFVnp

Det N E SN-Térm SN CD dupl NP SP-CD dupl Prop Sub Adv Fin -CC Fin

SN-CC T NP vm CI dupl NP vm SP-CI NXO SV-SPV SN Suj SV-SPV

SV-SPV Prop Sub Sust-Suj

O. Compuesta

Acuérdate de lo que decía la pobre mamá, que en paz descanse.

SP-CC M NP

SN Suj nexo SV-SPV

SN CD CD NP Det S Adj-CN N Prop Sub Adj-CN

SV-SPV SN-Suj

E Prop Sub Adj Sust-Térm

NP pron SP-C Rég

SV-SPV SO: Tú

O. Compuesta

Le rogué un día que no siguiera porque ya mi propósito de quedarme en el país estaba hecho.

NP pron SP-CC L

SV-SPV SFVnp

E Prop Sub Sust-Térm

S Adv CC T Det N SP-CN cóp S Adj-Atrib

NXO SV SPN SN-Suj SV-SPN

S Adv CC neg NP Prop Sub Adv Caus -CC Caus

Det N NXO SV-SPV SO: Él

SN CI NP SN-CC T Prop Sub Sust-CD

SV-SPV SO: Yo

O. Compuesta

Es un espectáculo fascinante que se convierte en problema si me libro de su hechizo.

PRef CD — NP — SP-C Rég

E — SN-Térm — NXO — SV-SPV SO: Yo

NP vm — SP-C Rég — Prop Sub Adv Cond -CC

SN Suj nexo — SV-SPV

Det — N — S Adj-CN — Prop Sub Adj-CN

cóp — SN-Atrib

SV-SPN SO: Ése

O. Compuesta

2.10 Preparando las oposiciones

1- En primer lugar, subrayamos todos los verbos y metemos en un círculo los nexos que unen proposiciones. Descartamos como nexo *así que*, por ser conector, y el *y* anterior a *doctrinales* porque une dos SAdj. Razonamos brevemente la diferencia entre nexos y conectores.

Nos aseguramos de identificar las perífrasis y locuciones verbales: *comenzaban a desgranar* es una perífrasis aspectual incoativa. Razonamos los criterios básicos de localización de perífrasis y remarcamos la importancia de que el alumno las identifique. La oración queda así:

Así que todas las mañanas salían de casa a buena hora, ***y apenas*** *se instalaban en el quiosco el tío abría la enciclopedia* ***y****, ayudándose con un dedo, comenzaba a desgranar las palabras en sílabas claras y doctrinales,* ***y*** *nunca pasaban a otro artículo* ***hasta que*** *Gregorio había memorizado bien el anterior.*

Buscamos los verbos que puedan funcionar como principales, esto es, los que no tienen delante una conjunción subordinante y los que no van en forma no personal: *salían, abría, comenzaba a desgranar, pasaban.* Tenemos cuatro verbos coordinados entre sí, con tres nexos *y* que los unen. Explicamos que la función poética y expresiva requiere en ocasiones de marcas sintácticas, como ocurre aquí con el uso de polisíndeton.

Procedemos a analizar las cuatro proposiciones de forma independiente.

Todas las mañanas salían de casa a buena hora.

S Adj-CN — N

Det — Det — N — E — SN Térm — E — SN-Térm

SN-CC T — NP — SP-CC L — SP-CC M

SV-SPV SO: Ellos

O. Simple

En una oposición para Secundaria conviene intercalar comentarios didácticos sobre cómo explicar lo que analizamos y también señalar las estructuras que puedan generar dificultad a los alumnos. Por ejemplo, convendría señalar aquí que tanto *de casa* como *a buena hora* pueden ser consideradas locuciones adverbiales, e incluir un breve razonamiento. También podríamos escribir cómo explicaríamos a los alumnos los casos en los que, como ocurre en *todas las mañanas*, un nombre cuyo significado implique intrínsecamente idea temporal puede convertirse en núcleo de un SN que puede ejercer de CC sin el concurso de una preposición.

Apenas se instalaban en el quiosco el tío abría la enciclopedia.

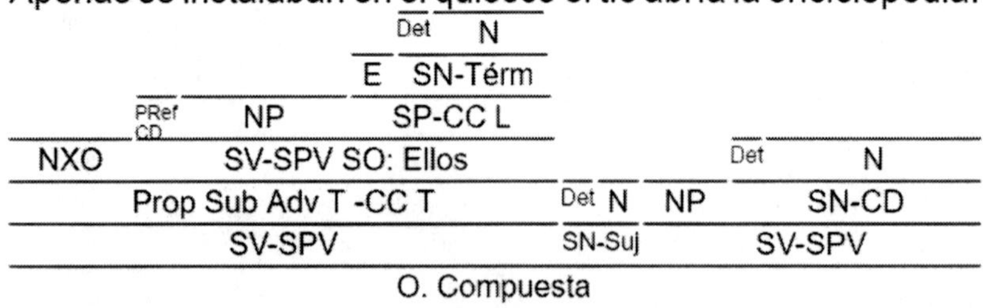

El opositor debe, en todo momento, controlando el tiempo y el espacio del que dispone, comentar cualquier aspecto que juzgue de interés didáctico. Por ejemplo, convendría explicar que hemos considerado el *se* reflexivo porque cumple tres requisitos: los protagonistas se instalan a sí mismos, podrían haber instalado en el quiosco a otras personas y se trata de una acción consciente (de algo que hacen, no de algo que les ocurre). En algunos manuales se expone que el verbo *instalarse* es pronominal.

Ayudándose con un dedo, comenzaba a desgranar las palabras en sílabas claras y doctrinales.

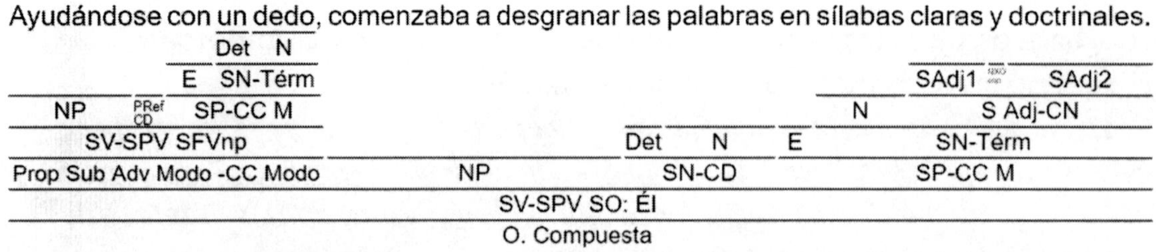

El opositor debería explicar los criterios que ha seguido para establecer que *comenzaba a desgranar* es una perífrasis, y comentar la necesidad de que el alumno aprenda a aplicarlos. También debería explicar las especiales características del gerundio: nosotros hemos decidido llamarle sujeto de forma verbal no personal a su sujeto lógico. También parece razonable una breve explicación sobre los sintagmas múltiples, como *claras y doctrinales*.

Nunca pasaban a otro artículo hasta que Gregorio había memorizado bien el anterior.

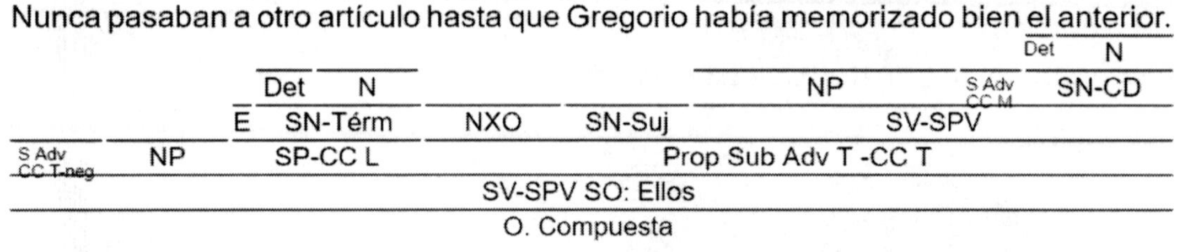

Convendría explicar que los considerados CC de negación son en realidad modalizadores y no CC, pero que se suelen analizar así para que los alumnos los comprendan y manejen mejor. Que se puede discutir si *a otro artículo* es CC o CRég, puesto que se trata de un complemento argumental (imprescindible: asunto que también se puede discutir). Que la PSAdv de este fragmento puede ser analizada también como PSS término de un SP CCT. Que se debe explicar a los alumnos las peculiaridades del indefinido *anterior*, que puede ser considerado pronombre, determinante o adjetivo: así razonamos la relación entre morfología y sintaxis.

2- Subrayamos todos los verbos y metemos en un círculo los nexos que unen proposiciones. Descartamos como nexo *total* y *que*, por ser conectores conversacionales y explicamos su funcionamiento. Más complejo es el caso de *pero*, que puede funcionar como nexo o como conector: si el hablante ha elegido el punto y coma antes de escribirlo entendemos que lo concibe como conector. Nos aseguramos de identificar las perífrasis y locuciones verbales: *quisieran* y *sujetarme* no forman perífrasis, sino que se relacionan como verbo principal y verbo subordinado; *pudieran seguirme* es una perífrasis modal de posibilidad; *fui a parar* es una locución verbal difícil de ver para el alumno, que tiende a considerar perífrasis todas las construcciones que presentan dos verbos. El opositor debe explicar qué criterios usará para enseñar a los alumnos a distinguir estos conceptos. La oración queda así:

Total, que me la quitaron y quisieron sujetarme; pero yo, braceando **como** *una leona, me zafé, tiré el cuchillo* ***y*** *salí tranquila a la calle,* ***y*** *de una carrerita,* **antes que** *pudieran seguirme, fui a parar a la calle del Peñón.*

Es conveniente que el opositor destaque los elementos propios de la lengua oral que condicionan el análisis, tales como el uso de expresiones informales (*de una carrerita*), la supresión de la preposición *de* en *antes que pudieran seguirme*, el uso de polisíndeton, la presencia del conector conversacional de cierre discursivo *total* (usado con el significado de *en resumen*), la presencia del *que* expletivo o coloquial (*Total, que*…)…

Dividimos el fragmento en segmentos coordinados entre sí. Obtenemos:

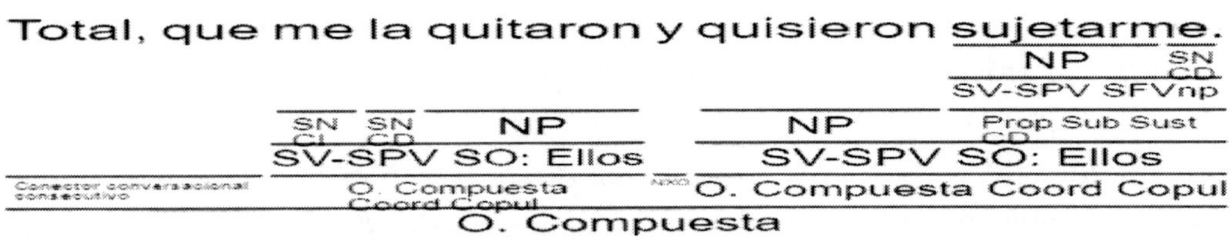

Analizamos *total, que* como un conector conversacional consecutivo. El opositor debe explicar las peculiaridades del sujeto del infinitivo. La NGLE considera que en ocasiones el verbo *querer* tiene carácter semiperifrástico (28.1.3b): convendría aclararlo. Recordemos que, por un lado, admite construcciones como *quisieron una cosa* y *quisieron que yo sujetara*, pero, por otro, admite, como en las perífrasis, tanto *me quisieron sujetar* como *quisieron sujetarme.*

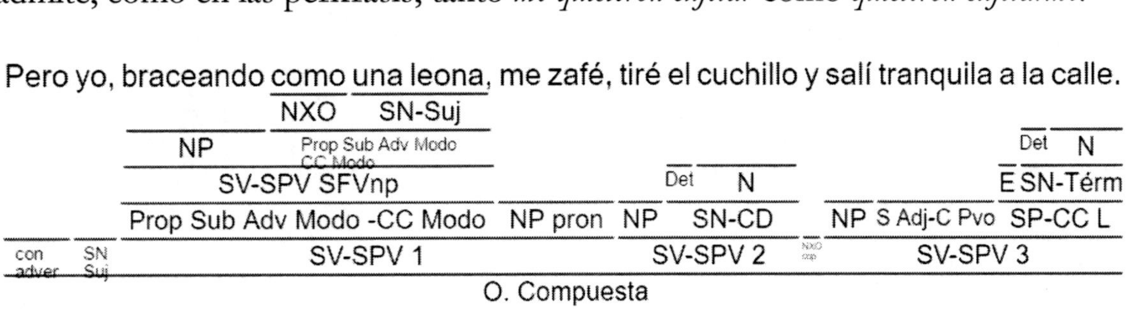

Explicamos que hemos decidido mostrar como coordinados los tres predicados: también podríamos haber analizado el fragmento como formado por tres PC. Explicamos que, cuando hay coordinación, lo mejor es llevarla al nivel inferior (mejor coordinar predicados que proposiciones, mejor dos CD que dos predicados, mejor dos núcleos que dos SN) para evitar elementos omitidos. Explicamos que *braceando como una leona*, por sentido, parece complementar solo a *me zafé*, pero que es preciso razonarlo en clase; que, en caso de que complementara a los tres predicados, habría que analizar la adverbial como omitida en los otros dos o bien aclararlo en nota. Explicamos que la PSAdv de gerundio puede interpretarse como CC, como PVO o como CN. En el segundo caso, algunas gramáticas la explican como PSAdj. Nos remitimos a *Sintaxis 2017* para explicar por qué no consideramos que los gerundios puedan introducir PSAdj. Explicamos la diferencia entre *trabajar como camarero* (PVO) y *trabajar como un camarero* (PSAdvM) para justificar el análisis de la PSAdvM (ejercicio 1.8.10 y 2.8.10 de este libro). Explicamos que esta adverbial puede considerarse también comparativa, aunque el análisis como modal es preferible. Puede consultarse un ejemplo muy similar en 1.8.6 y 2.8.6. Explicamos que es habitual que tanto en modales como en comparativas el NV y parte del predicado o todo él queden omitidos: razonamos cómo explicarlo en clase.

Y de una carrerita, antes que pudieran seguirme, fui a parar a la calle del Peñón.

NP | SN CD

NXO | SV-SPV SO: Ellos

SP-CC M | Prop Sub Adv T -CC T | NP | SP-CC L

SV-SPV SO: Yo

O. Compuesta

Y constituye un nexo copulativo que une esta PC con el fragmento anterior. Explicamos que *a la calle del Peñón* es considerado CRég en algunas gramáticas por su carácter argumental.

En la medida de lo posible, para cualquier razonamiento, citamos siempre fuentes.

CPSIA information can be obtained
at www.ICGtesting.com
Printed in the USA
LVOW09s1815311017
554459LV00022B/199/P

9 781542 794213